아이돌
연습생의
땀과
눈물

마이너리티
리포트 ★ 03

아이돌 연습생의 땀과 눈물

아이돌 성공신화와 연습생의 딜레마

이종임 지음

서울연구원
The Seoul Institute

차례

프롤로그

'아이돌 연습생' 이전부터 시작되는 경쟁

한류 열풍을 이끌어 가는 주체이기도 한 아이돌 그룹은 대부분 10대 후반, 혹은 20대 초반의 멤버로 구성된다. 대중의 관심을 한 몸에 받는 아이돌 가수가 되기 위해서는 연습생 과정을 거쳐야 하는데 우선 기획사 오디션을 통과해야 한다. 연습생이 되면 대부분 온전히 가수 데뷔라는 한 가지 목표를 가지고 사생활이나 학교생활을 포기하고 연습에만 몰두한다. 이미 데뷔한 아이돌 가수들 역시 짧게는 1년, 길게는 7~8년 동안 아이돌 연습생 생활을 거쳤다. 아이돌 가수의 삶은 팬덤의 큰 관심사 중 하나이기 때문에 데뷔 이전 연습생들의 생활을 관리하는 것은 기획사의 중요한 업무 중 하나이다. 데뷔 이전 사생활 관리는 데뷔 이후 발생할지도 모르는 문제를 최소화하기 위한 전략인 동시에 대중의 관심을 극대화하기 위한 전략으로 활용되고 있다.

아이돌 가수의 연습생 시절 이야기는 성공한 아이돌 가수의 상징 기제로 작용한다. 특히 유명 토크쇼에서 아이돌 가수가 힘든 연습생 시절을 고백하는 것은 마치 의례ritual처럼 느껴진다. 아이돌 가수 준비를 결정한 자신의 선택에 대한 책임감, 준비 과정에서 겪는 경제적 어려움, 불규칙한 학교생활 등 힘들었던 시절을 이야기하는데, 이 모든 상황은 성공담으로 그려진다. 고백의 내용은 대체적으로 열악했던 합숙 공간, 경제적 어려움, 힘든 가정사, 다이어트의 고통, 연습 과정에서 얻은 부상이나 심리적 위축 등이다.

이러한 자기 고백 과정은 연습 과정에서 일어나는 기획사 문제나 연예 매니지먼트 산업 구조의 문제를 잊게 한다. 다만 아이돌 가수가 모든 어려움을 극복한 성공한 인물로 비춰질 뿐이다. 눈물을 흘리는 아이돌 가수의 모습은 10대 팬들에게는 롤모델로, 그 외 세대에게는 대견한 동생이나 기특한 자녀와 같이 받아들여진다. 그래서인지 아이돌 가수의 팬덤층은 꽤 넓다. 사회와 가정의 보살핌이 필요한 10대 시절에 성공이란 단어를 마주했다는 것은 대중의 관심 이상의 것을 얻을 수 있는 특수한 상황이기 때문이다.

현재 한국 대중음악 시장의 큰 부분을 차지하는 아이돌 가수들이 대중매체에 많이 노출되자 아이돌 가수 오디션에 지원하는 10대도 늘어났고, 아이돌 가수를 키워 내려는 기획사 수도 늘어났다. 이러한 상황을 간과할 리 없는 방송 관계자들은 아이돌 가수 오디션 프로그램을 기획했고, 그동안 비밀리에 관리하던 아이돌 연습생들을 프로그램의 주인공으로 만들었다.

가수를 선발하는 오디션 프로그램에서도 기획사에 소속된 연습생이나 과거 연습생이었던 지원자들을 볼 수 있었지만, 본격적으로 아이돌 연습생이 부각된 것은 엠넷Mnet의 〈프로듀스 101〉이 방송되면서부터다. 물론 엠넷은 몇 년 전부터 대형 기획사 소속 연습생들의 데뷔 과정을 닮은 리얼리티 프로그램을 꾸준히 제작해 왔다. 대표적으로 2013년에는 YG엔터테인먼트의 신인 선발 프로그램 〈윈: 후 이즈 넥스트WIN-Who is Next〉를, 2015년에는 JYP엔터테인먼트의 걸그룹 선발 프로그램 〈식스틴〉 등이 방송되었다.

이러한 유형의 프로그램은 대형 기획사와 음악 전문 방송의 문화 권력이 만들어 낸 결과물이라고 할 수 있다. 대형 기획사 소속 연습생들의 데뷔를 결정하는 오디션 프로그램이 인기를 끈 이유는 베일에 가려져 있는 연습생들을 방송을 통해 직접 볼 수 있기 때문이다. 이와 함께 대형 기획사가 소속사 연습생을 방송으로 노출하는 전략을 선택하는 이유는 데뷔 전부터 팬덤을 형성할 수 있다는 점을 적극 활용하기 위해서다. 또한 대형 기획사의 오디션 과정을 그대로 볼 수 있다는 이유 때문에 많은 시청자들의 관심을 끄는 데에도 비교적 유리하다.

아이돌 연습생을 중심으로 한 프로그램을 꾸준히 제작한 엠넷은 2016년 대형 기획사뿐 아니라 중소 기획사 소속 연습생이 한자리에 모여 경쟁을 벌이는 프로그램 〈프로듀스 101〉을 선보였다. 그리고 이러한 방송사의 전략은 크게 성공하며 대중들의 폭발적 관심을 받았다. 다양한 과제를 수행하는 과정을 거쳐 101명의 연습생 중 최종 11명만이 선발되는 과정은 여러 가지 논란을 잠재울 만큼 극적이었다. 실제로 2016년은 '아이돌 연습생의 해'라고 표현해도 과언이 아닐 만큼 아이돌 연습생이 방송에서 큰 주목을 받았다. 과거 대형 기획사 소속 연습생들 간의 경쟁을 보여 주던 구성에서 더 나아가 101명의 연습생들 간의 경쟁을 다룬 대형 프로젝트가 성공한 것이다. 지원자 101명 중 시청자들의 투표 순위가 높은 11명이 유닛 팀을 결성해 걸그룹으로 활동한다는 콘셉트로 제작된 〈프로듀스 101〉은 아이돌 가수가 되길 원하는 10대 소녀들의 데뷔 과정과 그 이후의 활동을 실감나게 보여 주었다.

이러한 성공을 바탕으로 엠넷은 2017년 보이그룹을 선발하는 〈프로듀스 101〉 시즌2를 제작하였고, 이 프로그램은 시즌1보다 더 큰 관심을 받았다. 이러한 콘셉트의 프로그램이 인기를 끌면서 지상파까지 가세해 2017년 하반기에 KBS의 〈더 유닛〉과 JTBC의 〈믹스나인〉이 방송되었다.

이러한 제작 흐름을 주도한 〈프로듀스 101〉 시즌1, 2의 특징은 아이돌 연습생들이 잘 알려진 대형 기획사가 아닌 중소 기획사에 소속되어 있다는 점이다.* 중소 기획사에 소속된 아이돌연습생들의 간절함과 치열한 경쟁 과정, 또한 탈락자들의 눈물 등은 시청자의 팬심을 유발하기에 충분했다. 아이돌 연습생들의 데뷔를 향한 열정은 진심으로 간절해 보였기 때문이다.

그러나 TV에서 재현되는 극한의 서바이벌 프로그램이 가진 미학은 현실적 고통을 거세한 채 끊임없이 변형된 형태로 대중에게 경쟁 담론을 각인시킨다. 근본적이고 구조적인 문제를 지적하기보다 실패의 원인을 개인의 능력과 노력 부족으로 돌리고, 수많은 탈락자들에게 그러한 결과를 받아들이도록 만든다. 실제로 101명 중 많은 지원자들이 그 결과를 받아들였고, 우리는 그 과정을 실시간으로 지켜보며 그들이 화면 속에서 사라지는 것을 확인했다. 시간이 지날수록 서바이벌 프로그램은 더욱 혹독한 방식으로 재현되고 있으며, 이러한 대중적 담론은 10대 시기부터 경쟁적 현실을 학습하도록 만든다.

기획사 주도의 아이돌 가수 육성 시스템

아이돌 가수가 한류문화를 이끌어 가면서 기획사 중심의 아이돌 가수 육성 시스템이 한국의 대중문화에서 중요한 역할을

---

* 대형기획사 소속의 연습생도 출연하기는 했지만, 대부분 중소 기획사에 소속되어 있는 연습생들이었다.

하게 되었다. 기획사가 양성한 아이돌 가수들이 한류 스타가 되는 과정은 극적이며, 이것은 산업 구조의 변화와 정책 지원이 함께 시너지를 낸 결과이기도 하다.

이러한 성과에 대한 기쁨과 함께 우리가 논의해야 하는 것은 기획사 주도의 아이돌 육성 시스템이 갖는 특수한 상황이다. 아이돌 가수를 지망하는 지원자들이 증가하는 만큼 기획사 수도 증가하였는데, 그 과정에서 불공정 계약, 무리한 스케줄, 수익 배분 문제 등 연예 매니지먼트 산업 간의 과도한 경쟁으로 인한 문제가 드러났다. 그리고 이를 해결하기 위해 국가적 차원에서 제도가 마련되기도 했다.

일례로 문화체육관광부와 한국콘텐츠진흥원은 대중문화예술기획업(연예 기획사)에 대한 종합 정보를 제공하는 '대중문화예술종합정보시스템'을 구축했다. 기획사 등록 제도를 도입한 이유 중 주목해야 할 부분은 무분별한 기획사 설립으로 인해 피해를 보는 연습생들을 보호하기 위해서라는 점이다.

연습생들을 보호하기 위해 이러한 제도가 도입되었다고 하지만, 〈프로듀스 101〉에 출연한 아이돌 연습생이 소속된 기획사 중 대중문화예술 종합정보시스템에 등록하지 않은 기획사가 발견되기도 했다. 당시 이 프로그램에 46개 기획사에 소속된 101명의 연습생이 지원했는데, 이 중 미등록 기획사가 6개였고 홈페이지가 없거나 홈페이지에 허위 정보를 기재해 놓은 곳도 있었다. 이 사실은 2016년 3월 뉴스를 통해 보도되기도 했다.*

대중문화예술 시스템에 공개된 자료를 보면, 현재 종합정보시스템에 등록된 기획사 수는 2017년 기준으로 2,025개에 달하며 서울에만 1,765개가 있다.** 연예 매니지먼트 산업의 규모와 함께 제도적 개입이 왜 중요한가를 보여 주는 수치라고 할 수 있다.

피해 사례를 줄이고 공정한 산업 구조를 구축하기 위해서는 한류문화 관련 산업을 주도하는 주체의 투명한 운영과 합리적인 제도가 뒷받침되어야 한다. 하지만 수익 중심의 기획사 운영 방식과 짧은 기간에 큰 수익을 얻으려는 욕망, 아이돌 가수가 되려는 수많은 청소년들, 그리고 한류 팬덤까지 결합되면서 순식간에 이 문제는 쉽게 해결할 수 없는 복잡한 상황에 접어들었다. 현재 대중의 사랑을 받고 있는 유명 배우들 중에는 한때 아이돌 연습생 생활을 경험한 사례가 많다. 이 사실을 통해서도 짐작할 수 있듯이, 지금의 한류 산업과 한류 스타의 성공은 '우연한 기회'가 아닌 기획사 주도의 아이돌 가수 양성 시스템이 있었기에 가능한 일이었다.***

* "'연습생들은 알까' 프로듀스 101, 무허가 기획사 무더기 출연", 국민일보, 2016.03.09.

** 물론 등록된 기획사의 세부적인 특성을 찾아보면, 모든 기획사가 아이돌 가수를 양성하지는 않는다. 그러나 전체 연예 기획사 수가 2,025개라는 점은 좀 더 세부적으로 살펴봐야 할 필요가 있다.

*** "'명단공개' 원빈, 이종석, 박보검 모두 아이돌 연습생 출신?", 서울경제, 2016.10.24.

성공신화와 노력의 배신

우리는 단기간에 부를 축적하고 사회적 명성을 얻은 유명 인사들을 통해 '성공'이란 단어를 학습한다. '성공'이라는 단어로 유명 인사들을 지칭하는 이유는 일단 사회적 활동을 통해 물질적인 재화와 사회적인 지위를 얻기 쉽지 않을 뿐더러 부, 권력, 명예 등은 누구에게나 선망의 대상이지만 소수의 사람에게만 돌아간다는 것을 알고 있기 때문이다. 그러나 우리는 방송을 통해 볼 수 있는 성공이 일종의 '신화'*에 가까운 방식으로 재현된다는 사실을 종종 잊는다. 성공의 사회적 개념과 목표는 시대에 따라 조금씩 변화하지만, 현재 한국 사회에서 설명하고 있는 '성공'의 개념은 하나의 틀로 고착되었다. 어려움을 극복하고 끊임없이 도전하면 결국 자신이 얻고자 하는 것을 얻게 된다는 논리가 여전히 통용되기 때문이다. 이처럼 한국 사회는 사회 구조

* "롤랑 바르트(Roland Barthes)는 '신화(myth)'를 현대 물질 문명의 온갖 현상들이 마치 고대 그리스·로마 신화와 같이 익숙해져서 너무나 당연하고 의심할 수 없는 것으로 착각하게 만드는 변형된 개념으로 정의한다. 신화는 역사적인 것에 '거짓 동기'를 부여함으로써 마치 '자연스러운 것'처럼 받아들이게 만든다는 것이다. 특히 자본주의 사회에서 신화는 지배 계급의 이익에 봉사하거나 이를 촉진시켜 역사적 과정을 국가적 이익을 위해 구성함으로써 국가의 이념을 강화시킨다. 즉 신화가 정치 구조 속에서 작동하는 국가의 정치적 이념을 강화하는 기능을 수행하여 국가의 지배 계급으로 하여금 대중이 감정과 본능을 효율적으로 움직이게 할 수 있도록 기능한다는 것이다. 바르트는 신화 개념이 사회 계급을 바탕으로 정의한다고 했다" (피스크, 2001).

와 제도를 논의하기보다 개인의 역량과 노력으로만 성공 여부를 평가한다.

하지만 이러한 성공의 법칙을 오늘날 청년 세대에게 그대로 요구할 수 있을까. 청년들은 '열심히 노력하면 내가 원하는 것을 얻을 수 있다'는 신념을 더 이상 신뢰하지 않는다. 그럼에도 불구하고 사회는 계속 청년들에게 열심히 노력하라고 요구한다. 그리고 현실적 좌절을 경험한 청년 세대들은 아무것도 할 수 없는 자신의 처지를 자조적으로 설명하는 '수저 계급론'을 등장시켰다(엄기호, 2016; 조한혜정 외, 2016; 이종임, 2015).

사회가 요구하는 스펙 쌓기에 집중해도 자신이 원하는 성과를 얻을 수 없어 좌절하는 청년 세대처럼 아이돌 가수가 되기 위해 많은 청소년들이 노력하고 있지만 실제 아이돌 가수가 되는 수는 극소수에 불과하다. 또한 연습생 생활을 하면서 겪는 부당한 상황은 개선되어야 할 문제가 아니라 연습생 자신이 극복해야 할 과정으로 인식되는 것 또한 같은 맥락에서 짚어 봐야 한다. 실제로 방송 고발 프로그램이나 많은 신문 기사 등을 통해 학교생활의 부재, 다이어트로 인한 스트레스, 모멸감에 가까운 언어 표현과 무리한 연습 시간 강요, 사생활 감시 등의 문제가 계속 지적되었다. 하지만 결국 그 문제를 연습생 자신이 극복해야 하며 이를 통과의례로 인식시키는 경향이 짙다. 아이돌 가수와 아이돌 연습생 모두 스타로 성공하기 위해서는 그 어떤 고통도 이겨 내야 하며, 자신의 선택에 책임을 져야 한다는 것이다.

기획사 중심의 데뷔 과정이 갖는 구조적 특징과 한계, 그리고 경쟁 과정에서 나타나는 문제를 개선하기 위해 노력하기보다 열악한 환경에서 살아남는 마지막 한 명에게만 주목하는 방식이 지속되고 있다. 결국 스펙 관리를 통해 자신의 상품성을 높여야 한다는 스펙 쌓기 담론이 10대 지원자들에게 그대로 전달되고 있다. 청소년들이 아이돌을 지망하는 이유는 연예인의 화려한 삶을 향한 동경 때문이기도 하다. 하지만 그 이면에는 자신의 꿈을 발견할 기회를 박탈당한 한국 청소년 문화의 씁쓸한 단면이 숨겨 있다. 성공과 부자라는 담론과 이념이 지배하는 한국 사회에서 청소년들은 이제 더 이상 무지갯빛 미래를 상상할 수 없는 상태에 놓여 있다(권경우, 2011).

따라서 지금 우리는 10대 청소년들이 아이돌 연습생으로서 사회적 위치를 얻게 되었을 때, 기획사 주도의 연습 과정에서 나타나는 문제 상황에 대비할 수 있도록 어떤 제도적 방안을 마련해야 할지에 대해 논의해야 한다. 자신의 꿈을 이루기 위해 노력하는 청소년들이 사회생활을 곧 성공을 위해 참아 내야 하는 시간으로 인식하도록 내버려 두면 안 된다. 이러한 방안을 마련하는 것은 위험에 노출되는 미성년자들의 인권을 보호하는 문제와도 직결된다.

최근 아이돌 가수가 되기 위해 준비하는 청소년들이 기하급수적으로 늘어나고 있다. 이 책에서는 아이돌 가수로 데뷔하는 과정에서 발생하는 여러 문제들을 간과한 채 데뷔만이 '성공신화'로 인식되는 이유를 알아보고자 한다. 이를 위해 현재 10대 아이돌 연습생들과 관련자들을 만나 아이돌 연습생들이 겪는 현실을 심층 인터뷰했다.

보통 마이너리티는 '육체적·문화적 특질 때문에 다른 사람들과 구별되고 불평등한 차별 대우를 받아서 집단적 차별의 대상이 되는 사람들'을 의미한다. 이런 측면에서 보자면, 아이돌 연습생들은 갈수록 많아지고 있지만 사회적 차별이나 부당함, 인권 침해 등의 문제에 저항하거나 외부에 고발할 수 있는 힘이 약하거나 없는 약자에 해당된다.

특히 아이돌 연습생과 연습생 지원자들은 기획사 관계자에게 차별 대우를 받아도 제대로 저항하기가 쉽지 않다. 또한 사회에서 요구하는 성공 조건에 부합하기 위해 부당한 대우와 차별을 무조건적으로 참고 견뎌야만 하는 위치에 있다. 이러한 점을 고려해 이 책에서는 10대 아이돌 연습생을 마이너리티 그룹으로 규정했다.

문화는 자연스럽게 형성되고 학습되는 삶의 방식이자 생존 방식이다. 그렇다면 지금 우리가 만들어 가고 있는 한류문화와 아이돌 가수 주도의 대중문화는 그러한 논의에 부합하는지, 또 한류문화의 구조적 특성과 이를 구성하는 주요 주체는 누구인지 등을 살펴볼 것이다. 이와 함께 미성년자이자 10대인 아이돌 연습생들에게 필요한 제도적 장치는 무엇인지 함께 고민해 보고자 한다.

- **인터뷰 대상자의 주요 정보**

아이돌 연습생의 삶을 들여다보기 위해 아이돌 연습생 6명과 아이돌 산업 관련 전문가 3명을 대상으로 심층 인터뷰를 진행했다. 아이돌 연습생 인터뷰 대상자를 섭외하는 데에는 꽤 많은 시간이 걸렸다. 인터뷰 과정에서 알게 된 사실이지만, 기획사는 여러 가지 이유로 소속 연습생이 기획사 밖에서 누구를 만나는지 어느 곳에 들렀는지 등 사생활을 관리한다. 데뷔 이후 구설수를 피하고 문제를 사전에 예방한다는 이유를 들지만 기획사의 이러한 관리는 사실상 사생활 침해에 가깝다. 이런 이유로 자신의 연습생 생활을 솔직하게 이야기할 수 있는 인터뷰 대상자를 섭외하는 것은 쉽지 않았다. 언제 데뷔할지 모른다는 불안감과 데뷔를 위해 사생활을 관리해야 한다는 훈육 방식에 오랫동안 노출되어 있기 때문에 연습생 신분으로 자신의 생활을 타인에게 털어놓기란 쉽지 않았을 것이다. 이런 여러 가지 이유들로 인터뷰 대상자를 섭외하는 데 석 달이 걸렸다. 그리고 우여곡절 끝에 6명을 섭외했다. 연습생 5명과 작곡가 생활을 했던 1명이다. 아이돌 연습생으로는 대형 기획사, 중소 기획사, 학원형 기획사 등에 소속된 연습생이거나 과거 연습생 생활을 했던 대상자를 인터뷰했다. 대형 기획사 소속 가수를 위한 노래를 작곡한 경력이 있는 대상자도 포함했다.
인터뷰 내용은 아이돌 연습생 지원 동기, 지원 과정, 학교생활과 연습생 생활의 병행 과정에서 느끼는 어려움, 기획사와의 계약 과정, 아이돌 데뷔를 위한 연습 과정, 부모의 지원 여부 등을 중심으로 진행했다. 그리고 연습생 생활과 아이돌 가수의 삶을 분석적으로 논의하기 위해 전문가 3명의 인터뷰도 같이 진행했다. 전문가들은 엔터테인먼트 분야의 트레이닝 프로그램을 운영하는 학원 원장, 문화평론가, 방송사 기자를 섭외했다. 전문가들에게는 현재 국내 아이돌 음악 산업의 특징, 자신이 선망하는 아이돌이 속한 기획사에 다양한 제안과 적극적 개입을 하는 아이돌 팬덤의 최근 경향, 아이돌이 되고자 하는 10대들의 생각, 한류 산업 진단 등을 질문하였다.

• **인터뷰 대상자**

연습생			
인터뷰 대상자	**성별·나이**	**연습생 기간**	**인터뷰 시기**
A	여, 20	고1 때 기획사와 계약 연습생 기간은 3년 현재 기획사 소속 연기자	2016년 9~10월
B	여, 20	고2 때 기획사와 계약 연습생 기간은 1개월 현재 오디션 준비 중	2016년 10월
C	여, 20	고2 때 기획사와 계약 연습생 기간은 1년 현재 기획사 오디션 준비 중	2016년 10월
D	여, 17	고1 때 기획사와 계약 현재 연습생	2016년 10월
E	여, 17	중3 때 기획사와 계약 현재 연습생	2016년 10월
F	남, 30	과거 작곡가 활동	2016년 9월

전문가			
인터뷰 대상자	**성별·나이**	**직업**	**인터뷰 시기**
G	여, 46	학원 원장	2016년 11월
H	여, 35	대중문화평론가	2016년 11월
I	여, 28	인터넷 미디어 기자	2016년 11월

• 책을 읽는 데 필요한 주요 개념

아이돌

아이돌(Idol)은 원래 신에 근접한 우상을 뜻하는 단어였지만, 현재 국내에서는 케이팝 장르에 속하는 음악을 하는 가수를 지칭하는 단어로 사용된다. 특히 연예 기획사가 마련한 스타 시스템으로 데뷔한 10대에서 20대 초반의 가수를 의미한다. 대부분 그룹 형태로 활동하는데, 1990년대 후반부터 활동한 가수 H.O.T가 최초의 아이돌 그룹으로 일컬어진다(이동연 외, 2011). 아이돌 그룹은 2000년대 중반부터 본격적으로 주목받으면서 아시아 지역을 중심으로 인기를 끌기 시작했고, 현재는 글로벌 팬덤을 형성할 만큼 전 세계에서 큰 인기를 끌고 있다.

케이팝

케이팝(Korean Popular Music: K-Pop)은 한국에서 대중적 인기를 얻은 댄스음악을 유행 음악을 뜻하는 말이지만, 2000년대 중반 한국의 2세대 아이돌 가수들이 국내외에서 큰 성공을 거둔 뒤에는 아이돌 가수가 부르는 음악만으로 한정해서 정의하는 경우가 많다. 케이팝은 2000년대 이후 일본, 중국, 태국 등 아시아 주요 국가뿐만 아니라 서구 사회에서도 인기를 끌면서 초국적 문화 상품이 되었다.

팬덤

팬이라는 단어는 광신자(fanatic)의 약어로 19세기말 영국 신문에서 스포츠팀을 열광적으로 추종하는 사람들을 가리키기 위하여 처음 사용되었다. 대중문화에서 팬이라는 개념은 한동안 문제적인 그룹으로 취급받기도 하였다(Jenkins, 1992). 대중문화가 확산되고 디지털 기술이 발달하면서 사람들이 저마다 좋아하는 대중문화에 대해 적극적으로 감정을 표현하고 단체 활동을 활발하게 하면서 팬의 개념이 긍정적으로 인식되기 시작했다. 이때부터 팬의 집단 형태인 팬덤(Fandom) 문화가 주목받게 되었다. 팬덤은 팬덤 구성원의 개별적인 열정을 표현하고 동시에 공통적인 관심사를 서로 공유하면서 관계를 맺고 권력 관계를 형성하는 등 집단적인 특성을 나타낸다(마 티유·조영한, 2017). 최근 아이돌 가수들이 세계적으로 활동을 하면서 케이팝 음악을 향유하고 공유하는 팬들의 활동을 누리 소통 매체(SNS) 등을 통해 쉽게 확인할 수 있게 되었다.

청소년

청소년이란 말은 우리가 일상생활에서 사용하는 단어이지만 막상 정의를 하려면 쉽지 않다. 여러 가지 정의 기준이 존재하기 때문이다. 청소년(青少年)은 어린이와 청년의 중간 시기이다. 흔히 '청소년'이라 하면 (이하 연령은 전부 '만 나이') 13세 이상 19세 미만인 사람을 말하며, 통상 중학교와 고등학교에 재학 중인 시기에 해당한다. 청소년에 대한 연령 규정은 법령이나 규범에 따라 다른데, 대한민국의 청소년기본법에 는 9세에서 24세 사이의 사람으로 규정되어 있다. 그러나 청소년의 보호와 규제를 목적으로 하는 청소년보호법에서는 19세 미만을 청소년으로 정의하고 있다. 특히 청소년기는 가정으로부터 보호와 지원이 필요한 중요한 시기다. 이와 함께 청소년기를 13세에서 19세까지로 보는 관점에서는 청소년들의 가장 중요한 목표이자 최대 관심사는 바로 대학 진학일 것이다. 한국의 경우 이 시기는 부모의 관심과 지원이 더욱 중요한 시기라고 할 수 있다.

문화 자본

문화 자본(cultural capital)이란 사회적으로 물려받은 계급적 배경에 의해 자연스럽게 형성된 문화적 취향을 의미하는 개념으로, 프랑스 사회학자인 피에르 부르디외(Pierre Bourdieu)가 개념화하였다. 한 공동체의 지배적인 권력 관계는 정치적·경제적 자원의 불평등한 분배뿐 아니라, 여러 가지 상징적 자원의 불평등한 분배를 통해 정당화하고 재생산하는 중요한 동력이다. 피에르 부르디외는 상징적 자원의 핵심을 문화 자본이라고 부른다. 즉 인간의 문화적 행위가 한 사회의 위계적 질서를 유지하고 보존하는 권력의 기제가 된다는 것이다.

문화 자본은 문자 능력, 교육의 접근권, 문화 예술 생산물의 향유 능력 등 다양한 요소로 구성되어 있다. 부르디외가 이론적으로 체계화한 문화 자본 개념은 문화와 자본의 일반적인 정의보다 훨씬 폭넓고 심층적인 의미를 가지고 있다. 부르디외는 문화를 정신적인 산물이자 자본의 형태로 생각했다. 이때 자본은 화폐 가치뿐 아니라 문화 예술의 취향을 드러내는 심미적 가치, 그리고 학력과 혈통에서 축적된 사회적 자산을 포함한다. 그런 의미에서 문화 자본은 자본의 물질성을 잠재적으로 보유하지만 계량하여 환산할 수 없는 개인과 집단의 상징적, 정신적, 심미적 능력과 그것의 축적 상태로 정의할 수 있다(부르디외, 2005; 이동연, 2010).

이를 아이돌 가수에 적용시켜 본다면, 아이돌 가수를 제작한 소수의 대형 연예 기획사가 대형 자본을 가동시킬 수 있는 위치를 차지하게 된 것에 주목할 필요가 있다. 대형 기획사의 대형 자본 독점은 대형 기획사 중심의 아이돌 가수 데뷔를 가능하게 하고, 이를 통해 대중문화의 상징적 문화 자본을 소수의 아이돌이 독점하게 된다. 결국 소수의 대형 연예 기획사가 문화 자본을 독점하면서 대중문화 산업에서 여전히 강력한 힘을 발휘하고 있기 때문에 아이돌 데뷔 과정의 문제는 개선 없이 지속된다고 할 수 있다.

감정 노동

미국의 사회학자 앨리 러셀 혹실드(Arlie Russell Hochschild)는 감정 노동(emotional labor)이란 소비자들이 우호적이고 보살핌을 받고 있다고 느끼도록 자신의 외모와 표정을 유지하고 실제 감정을 억누르거나 실제와 다른 감정을 표현하는 등 감정을 관리하는 노동이라고 정의하였다. 기존 감정 노동 연구에서는 항공(객실 승무원), 콜센터, 병원(간호), 호텔과 숙박, 여행 정보업, 교육 등 업종별 연구가 이루어졌다. 원래 인간이 갖고 있는 감정의 능력을 감정 작업(emotion work)이라 하는데 그 능력을 특정 목적을 위해 사용하도록 극대화하는 과정을 감정 노동이라 부른다. 감정 노동의 정의는 분명해 보이지만 감정 노동은 외관으로 쉽게 드러나지 않는다. 따라서 객관적으로 관찰하여 파악하는 일이 용이하지 않다. 최근 국내에서는 아이돌 가수의 활동을 감정 노동으로 규정하며 관련 연구가 이루어지고 있다(원용진·김지만, 2012; 박성모, 2015). 아이돌의 감정 노동은 연습생 시절부터 철저하게 연예 제작사에 의해 관리된다. 오랜 합숙 생활, 구성원 내의 철저한 역할 분담, 사생활 공개, 건강과 심리 상태에 관한 체계적인 기록과 관리를 통해 아이돌의 감정은 훈육된다. 또한 팬과 대중매체의 시선으로부터 24시간 자유롭지 못하고 자신의 감정을 드러내지 못하는 생활은 또 다른 노동을 수행하는 것이라 할 수 있다.

1부

왜 아이돌, 아이돌 연습생*일까?

* 아이돌 연습생은 일반적으로 기획사 연습생을 의미하지만, 이 책에서는 넓은 의미로 아카데미(학원) 수강생까지 포함하는 개념으로 본다.

1장

케이팝의 성공과 아이돌의 힘

'아이돌'은 원래 신화적인 우상을 뜻하는 단어지만, 현재는 국내 대중문화에서 활약하는 인기 연예인을 지칭하는 의미로 사용되고 있다. 특히 10대 후반이나 20대 초반에 데뷔한 가수, 노래와 춤 등에 뛰어난 재능을 지닌 사람, 아름다운 외모의 소유자 등으로 설명된다. 젊은 나이에 가수로 데뷔하고 인기를 거머쥔 아이돌 가수들은 언어와 문화가 다른 해외에서도 팬덤이 형성되면서 한류문화를 선도하는 중요한 주체로 평가받고 있다. 그리고 이와 같이 국내외에서 큰 인기를 끌고 있는 한국의 대중음악은 케이팝K-Pop으로 불린다.

케이팝의 인기 요인을 살펴보면, 음악이라는 장르가 비교적 문화적 할인율*이 낮다는 점과 2000년대 이후 누리 소통 매체의 대중화로 짧은 시간에 많은 사람들이 동시에 음악을 들을 수 있는 환경이 구축된 것이 중요한 역할을 했다고 볼 수 있다. 이에 해당되는 대표 사례가 바로 가수 싸이의 노래 〈강남스타일〉의 성공이다. 일시적이지만 유튜브에서 검색할 수 있는 〈강남스타일〉의 뮤직 비디오가 인기를 끌면서 전 세계에서 싸이의 춤을 따라하는 기현상이 일어났다. 덕분에 싸이가 미국의 인기 토크쇼에 출연하기도 했다. 〈강남스타일〉은 한국어로 제작된 노래지만 문화나 언어에 상관없이 소비될 수 있다는 가능성을 보여주었다.**

---

* 문화 산업 상품에는 문화적 할인율(cultural discount)이 적용된다. 문화 산업 상품은 언어, 관습, 선호하는 장르 등의 차이 때문에 다른 문화권에 진입하기가 쉽지 않다. 국가 간 언어, 관습, 선호 장르의 차이 등을 '문화적 장벽'이라 하는데, 그 크기를 할인율로 나타낸 것이 문화적 할인율이다. 장르별로 보면 게임, 애니메이션, 다큐멘터리 등은 문화적 요소가 약해 할인율이 낮은 반면, 드라마, 가요, 영화 등은 문화적 요소가 강해 문화적 할인율이 높은 특성이 있다. 케이팝은 음악 장르의 문화 상품이지만 단순하고 경쾌한 리듬과 비트감, 따라 부르기 쉬운 멜로디, 흥미로운 노랫말 그리고 멋진 댄스 실력으로 선보이는 군무 등의 이유로 비교적 문화적 할인율이 낮다고 평가받는다.

** 가수 싸이의 성공을 두고 2012년 당시 한류 관련 다양한 담론이 형성되었다. 기존 케이팝은 수려한 외모, 멋진 군무, 젊은 소년·소녀로 구성된 아이돌 그룹의 음악 등의 특징을 갖췄지만, 가수 싸이는 아이돌 가수와는 다른 형태의 정체성을 지니고 있었기 때문이다. 따라서 〈강남스타일〉이라는 노래와 뮤직 비디오가 갖고 있는 인기 요인을 분석하는 등 〈강남스타일〉의 전 세계적 흥행에 대한 논의가 활발하게 이루어졌다. 또한 유튜브와 같은 누리 소통 매체의 힘, 언어와 문화의 차이를 넘어선 서구 사회에서 가수 싸이의 흥행 등에 대한 논의가 신문 지면과 학술 연구를 통해 논의되기도 했다.

물론 싸이의 성공만으로 한류 음악의 해외 성공 가능성을 논한 것은 아니다. 이미 케이팝 가수들은 유튜브 등의 누리 소통 매체를 적극적으로 활용해 왔고, 다양한 경로를 통해 해외 팬덤을 형성해 왔기 때문이다. 〈강남스타일〉의 성공을 계기로 한국 가수들의 해외 공연이나 TV 프로그램 출연이 이루어지기도 했다. 2012년 1월 31일, 걸그룹 소녀시대가 미국 CBS TV의 인기 토크쇼 〈레이트 쇼 위드 데이비드 레터맨Late Show with David Letterman〉에 출연했다. 또한 케이팝이 초국적 문화로 인식되면서 2011년 8월 국내뿐 아니라 미국 음원 사이트인 빌보드에 케이팝 차트가 만들어지기도 했다.

초기 한류 붐은 아시아 국가를 중심으로 형성되었지만, 한류 2.0이라 불리는 케이팝이 인기를 끌며 한국의 대중음악이 아시아를 넘어 전 세계에서도 소구*될 수 있는 문화 상품으로 인식되기 시작했다. 프랑스, 미국, 스페인 등으로 진출해 해외 공연이 성사된 점과 동남아시아, 남아메리카 등에서 케이팝 '커버 댄스 대회'가 하나의 문화 현상으로 자리 잡은 점 등도 한류의 힘을 보여 주는 사례로 언급된다. 또한 정부와 문화 산업계 모두 한류문화를 통해 한국의 이미지를 높이고, 문화 상품 수출 시장을 확장한다는 목적을 이루기 위해 적극적으로 협력했다.

* 일반적으로 하나의 사건이나 운동의 취지를 알려 널리 대중에게 알리고 호소하거나 동감을 얻으려고 하는 것을 말한다.

한국이라는 '지역'에서 생산된 대중문화가 전 세계 어디에서나 쉽게 볼 수 있는 '전 지구적' 현상이 되는 일은 한국인들에게도 놀라운 경험이었다.

이처럼 국내외에서 아이돌 가수의 활약이 주목을 받고 있다. 그러면서 국내 대형 기획사뿐만 아니라 중소 기획사에서도 아이돌 가수 양성에 집중할 수 있었는데 초기 투자 비용에 비해 큰 수익을 얻을 수 있는 구조와 정부의 적극적인 지원으로 가능했다. 뿐만 아니라 대중매체를 통해 팬덤을 형성하는 데에도 비교적 쉬운 조건을 지니고 있어 아이돌 가수를 키우기 위해 많은 기획사들이 적극적으로 나서기 시작했다.

이러한 국내 음반 시장과 문화 산업 구조의 변화는 전 세계적인 팬덤을 기반으로 한류문화를 전 세계에 알리고 국가 위상을 높인다는 장점이 있다. 하지만 소수의 대형 기획사 소속 가수들만 활동하고 있다는 점, 아이돌 가수 양성 과정에서 나타나는 문제가 반복된다는 점 등이 문제로 지적되고 있다.

그럼에도 불구하고 음악 장르의 다양성보다는 아이돌 그룹 중심의 음악에만 집중하는 획일화된 수익 구조 모델이 갖는 국내 음반 시장 문제는 방송을 종횡무진 누비는 아이돌 가수들 덕분에 어느새 잊힌다. 하지만 아이돌 가수의 건강 적신호, 불평등 계약, 무리한 스케줄 등 아이돌 가수가 처한 노동 환경과 기획사 중심의 아이돌 육성 시스템은 여전히 개선되지 않은 채 아이돌 가수를 키우려는 기획사 수는 계속 증가하는 추세다. 현실적으로 수많은 아이돌 가수들이 극한의 고통을 참고 가수로 데뷔하지만 가수 데뷔가 매번 성공으로 이어지지는 않는다. 그럼에도 대중매체는 힘든 연습생 과정을 성공을 위한 당연한 과정으로 그리는데 이는 모든 고통의 과정을 성공을 위한 통과의례로 바라보기 때문이다.

2장

아이돌 가수로 성공하고 싶은 10대들

인기 아이돌 가수의 대중매체 노출 빈도가 높을수록 아이돌 가수를 우상으로 생각하는 10대도 점차 늘어난다. 아이돌 가수의 팬층은 연령대가 다양하지만, 10대들은 조금 다른 시각에서 아이돌 가수를 바라본다. 그들을 유명 연예인으로 바라보기보다 자신의 꿈이자 미래의 직업군으로 생각한다. 빠르게는 초등학생 시절부터 아이돌 가수 준비를 했다고 알려진 어느 아이돌 가수의 데뷔 과정은 같은 꿈을 꾸는 청소년들에게 중요한 지침서 역할을 한다.

또한 아이돌 가수가 10대들에게 중요한 이유는 아이돌 가수를 상징하는 군무가 10대들에게 하나의 놀이 문화로 자리 잡

았기 때문이다. 학교 축제에서뿐 아니라 보통 때도 친구들과 춤이나 노래를 즐기는 것이 현재 10대들의 모습이다. 아이돌 그룹의 노래와 춤이 동시대 문화로 향유된다는 점, 아이돌 가수의 해외 공연과 글로벌 팬덤 등의 정보를 다양한 미디어 플랫폼을 통해 일상적으로 접할 수 있다는 점 등은 10대들이 아이돌 가수를 꿈꾸는 중요한 근거이자 동기로 작용한다. 그리고 그들은 아이돌 가수를 사랑하고 지지하는 팬에 머무르는 것이 아니라 아이돌 가수가 되기 위해 직접 오디션 현장에 뛰어든다. 그런 청소년들의 수는 대중매체를 통해 드러난 것만 해도 놀라울 정도로 많다. 가수를 선발하는 오디션 프로그램인 엠넷의 〈슈퍼스타 K〉, SBS의 〈K팝 스타〉 등에 출연하는 10대 지원자들의 수는 해마다 늘어난다. 〈슈퍼스타 K〉의 2015년 경쟁률은 174만 대 1이었다. 2009년부터 방송된 〈슈퍼스타 K〉와 2011년부터 방송된 〈K팝 스타〉는 현재 모두 종영되었다. 처음 방송되었을 당시에 비해 오디션 프로그램에 대한 대중의 관심은 해마다 줄고 있지만, 10대 지원자들은 오히려 늘어나는 추세를 보였다.

2016년 방송된 엠넷의 〈프로듀스 101〉은 베일에 가려져 있던 아이돌 가수 데뷔 과정을 집중적으로 보여 준 프로그램이다. 기획사 소속 아이돌 연습생 101명의 서바이벌 오디션 프로그램으로 아이돌 가수의 데뷔 과정을 입체적이고 드라마틱한 구성으로 보여 주었다. 〈프로듀스 101〉에 출연해 최종 11명의 순위에 든 걸그룹 '구구단'의 멤버 김세정은 방송에 출연해 아이돌 연습생이 될 수 있었던 노하우를 설명하기도 했다. 가수가 되기 위해 기획사 20개를 골라 기획사마다 오디션을 어떻게 보는지, 또한 무엇을 중점적으로 보는지 철저하게 알아보고 준비했다는 것이다.* 이제 기획사 중심의 아이돌 가수 육성 시스템에 도전하지 않고서는 아이돌 가수가 되는 것이 불가능해졌다. 기획사의 오디션 준비는 대학 입시를 준비하는 것과 비슷하다. 걸그룹의 한 멤버는 아이돌 가수가 되는 과정의 험난함을 일컬어 '아이돌 고시'라고 설명했다.

결국 아이돌 가수가 케이팝 열풍을 일으키며 한국의 문화산업에서 중요한 위치를 차지하게 되면서 '우연casting'보다는 '기획'하에 멤버를 선발하고 연습을 시키는making 기획사의 역할이 매우 중요해졌다. 기획사 오디션을 통과해야만 아이돌 연습생이 될 수 있고, 연습생이 되어야만 아이돌 가수가 되는 준비과정에 동참할 수 있게 되었다. 실제로 오디션 준비 학원이나 학원형 기획사도 많이 늘어났다. 최근 대형 기획사에서는 '사회공헌'을 내세우며 아이돌 가수를 준비하는 청소년들을 대상으로 멘토링 캠프 등을 운영하고 있다. 로엔엔터테인먼트는 '케이팝 종합 진로탐색 캠프(로엔뮤직캠프)'를, YG엔터테인먼트는 '차세대 작사·작곡가 양성 프로젝트(YG 디렉터 프로젝트)'를, 그리

* "'1 대 100' 김세정, 데뷔 전 20여 개 기획사 철저히 뒷조사", 헤럴드경제, 2017.01.03.

고 SM엔터테인먼트는 '청소년 음악 동아리 멘토링 프로그램(스마일 뮤직 페스티벌)'을 운영하고 있다.*

10대들의 이러한 움직임은 대학 입시 위주의 교육 시스템에도 영향을 미쳤다. 덕분에 초등학생 때부터 기획사 오디션을 준비할 수 있는 사교육 시장이 형성되었다. 기획사 오디션이라는 치열한 경쟁 과정에서 우위를 점하기 위해서는 노래, 댄스, 악기 연주 등의 실력을 갖춰야 하기 때문이다. 또한 최근에는 아이돌 가수들이 좁은 국내 음반 시장과 짧은 활동 기간을 고려해 드라마, 영화, 뮤지컬 분야에 진출하는 경향이 있어 이를 대비해 연기도 함께 준비하는 경우가 많다.

대학 입학이라는 의례적 과정을 거치지 않고 직접 현장에서 활동하는 직업인으로서 아이돌 가수를 선택하는 10대들이 더 많이 늘어나고 있다. 어쩌면 대학 입학이 취업이나 미래를 보장해 주지 않는다는 것을 이미 학습했기 때문일지도 모른다. 그러나 대학 입시를 선택하지 않았다고 해서 사교육으로부터 자유로운 건 아니다. 또 다른 분야의 선행 학습과 오디션을 준비하기 위해 사교육을 받아야 하기 때문이다. 경기 침체의 장기화로 대학 졸업 후 취업이 불투명해지면서 내가 원하는 분야에서 직업인으로 성공할 수 있는 방법을 선택하는 10대들이 증가

* "로엔, YG, SM, 재능기부 청소년 진로탐색 돕는다, '사회공헌'", OSEN, 2016.11.11.

하고 있다.

이렇게 아이돌 가수를 준비하는 10대들이 눈에 띄게 늘어난 만큼 팬들의 활동도 활발해졌다. 팬들은 아이돌 가수들의 노동 환경과 인권 침해 문제를 지적하기도 하고 기획사의 문제적 행보를 비판하기도 한다. 더 나아가 아이돌 스타의 이름으로 사회봉사 활동을 이어 가기도 한다. 이와 같이 팬덤의 적극적 개입에서도 알 수 있듯이 아이돌 가수의 힘은 더욱 커지고 있지만, 아이돌 가수가 겪는 문제는 큰 변화가 없다는 점은 아이러니하다.

2016년 한국콘텐츠진흥원의 「한국 대중문화예술산업 실태 보고서」에 따르면, 전체 연예 기획사 1,393개 중 아이돌 연습생을 보유한 회사는 18.2퍼센트(251개)였다. 그런데 그중 66.8퍼센트(168개)가 연습생과 계약을 맺고 있었고 나머지는 무계약 상태였다. 계약 기간은 평균 3년 5개월이며, 5년 이상 장기 계약 비율은 41.4퍼센트였다. 연습생 중 미성년자 비율은 28.9퍼센트이며, 조사 대상이었던 1,200명의 계약 연습생 중 9세 이하가 10명, 10~12세가 23명 포함되어 있었다.

대부분이 미성년자인 아이돌 연습생들은 최근 몇 년 사이 기획사에 소속되어 데뷔 준비를 하면서 여러 문제를 겪었고 이와 관련한 고발 프로그램이 제작되기도 했다. 특히 이 문제를 MBC 〈PD수첩〉에서 집중적으로 보도했다. 2016년 4월 19일 '아이돌 전성시대, 연습생의 눈물'이라는 제목으로 방송된 이

프로그램은 기약 없는 연습생 생활로 정신적 고통을 겪고 있는 사람들과 아이돌 중심의 문화 산업 시스템의 문제 등을 다뤘다. 이와 함께 2012년 제작되어 2014년 개봉한 다큐멘터리 〈나인뮤직스: 그녀들의 서바이벌〉은 나인뮤직스라는 걸그룹의 삶을 통해 기획사의 아이돌 육성 시스템 문제와 연습생 생활의 어려움 등을 대중들에게 전했다. 하지만 아쉽게도 기획사의 아이돌 육성 시스템의 문제는 큰 해결의 움직임이 없다.

오랫동안 아이돌 가수 육성 시스템에 대한 비판이 있었지만 구체적인 변화가 이루어지지 못한 이유는 무엇일까. 그 근본적인 이유를 살펴보기 위해 이 책은 아이돌 연습생들을 인터뷰한 내용을 담았다. 이를 통하여 기획사에서 관리하고 있는 아이돌 연습생들의 삶을 들여다보고, 그들이 감당해야 하는 현실적 문제를 살펴보았다. 10대들은 부당한 처우를 당해도 외부에 도움을 요청하기 어렵고, 자신의 데뷔를 결정짓는 기획사 관계자와 동등한 입장에서 문제를 비판하거나 자신의 요구 사항을 전달하기 어렵다. 이러한 특수한 상황에 처한 10대들의 일상생활을 들여다보았다.

수많은 10대들이 아이돌 가수라는 하나의 꿈을 꾸는 이유는 무엇인가. 또 기획사 주도의 아이돌 가수 양성 시스템은 어떻게 구성되는가. 아이돌 가수 양성 과정에서 불거진 현실적 문제 속에서도 자신의 꿈을 위해 노력하고 있는 10대 아이돌 연습생들의 삶을 참여 관찰하는 방법으로 정리하였다. 아이돌 연습생의 일상을 들여다보는 이 시도를 통해 10대들이 아이돌 관련 산업에 몰리는 이유와 상황들을 구체적으로 논의할 수 있을 것이라 기대한다. 또한 아이돌 가수가 되려는 10대들이 경쟁 과정에서 겪는 고통스런 과정과 감당해야 하는 현실은 불확실한 미래에 좌절하는 청년 세대의 문제와 크게 다르지 않다. 이 책에서 그 점을 알아봄으로써 성공신화에 가려진 한류 산업의 문제점과 아이돌 양성 과정에 필요한 현실적 담론을 구축하고자 한다.

2부

연습생이
되기까지

1장

오디션 지원 동기

인터뷰 대상자들은 모두 중학교 시절부터 본격적으로 아이돌 연습생 오디션을 준비해 왔다고 했다. 어린 시절부터 아이돌 가수의 음악을 듣고 자랐고 친구들과 함께 어울릴 때 불렀던 노래를 통해 자연스럽게 가수를 꿈꾸게 되었다고 말했다. 이외에도 길거리 캐스팅을 통해 연예계에 관심을 갖게 된 경우도 적지 않았고 스스로 아이돌 연습생 오디션을 지원하기도 했다. 이처럼 다양한 경로를 통해 아이돌 연습생에 지원했지만, 지원 시기는 대부분 중학생 때였다는 게 그들의 공통점이다.

인터뷰 대상자인 A는 중학교 3학년 때 기획사 소속 매니저로부터 명함을 받고 연습생 오디션을 보러 갔다고 했다. 처음 명함을 받았을 때에는 매니저를 신뢰하지 않았지만, 그래도 자신에게 온 기회를 놓칠 수 없었다고 답했다. 당시 받았던 명함의 주소를 보고 부모님과 함께 오디션을 보기 위해 찾아갔지만 그곳은 A가 생각했던 연예 기획사가 아닌 학원형 기획사였다.

— 제가 중3 때 어떤 사람이 "저는 ○○○ 매니저인데 혹시 연예계에 관심 있으면 연락 주세요"라며 명함을 주고 갔어요. 그런데 그 뒤로도 계속 연락이 오는 거예요. 그래서 엄마도 "진짜 기획사에서 연락을 준 건가?" 하고 기대하셨어요. 고민하다가 엄마랑 같이 그 회사에 가보기로 했어요. 좀 들뜬 마음으로 갔는데, 사실 그날 오디션에서 정말 못했어요. 오디션 보는 과정이 정말 생소하고 카메라 앞에 서는 것도 처음이고 해서요. 못했다고 생각했어요. 카메라 테스트 후에 '떨어졌구나' 생각하고 있었는데, 담당자가 저보고 합격이라는 거예요. 그래서 '뭐지? 아! 그럼 내가 그럼 진짜 가능성이 있는 건가?' 온갖 즐거운 상상을 했어요. 그런데 알고 보니까 거기가 학원형 기획사더라고요. 등록비로 500만 원을 달라는 거예요.(A)

A는 오디션을 본 후 500만 원의 등록비가 필요하다는 담당자의 이야기를 듣고 발길을 돌렸다. 고가의 등록비가 부모님에게 부담이 될 것 같기도 했지만, 비용을 지불하면서까지 기획사와 계약을 맺는 방식은 한 번도 생각해 본 적이 없기 때문이

었다. A는 당시 부모님과 함께 갔던 학원형 기획사와 계약하지 않았지만 길거리 캐스팅 경험을 계기로 연예계 진출에 관심을 갖게 되었다. 이후 자발적으로 다른 학원의 오디션을 찾아다녔다. 연기자나 모델을 할 수 있을지 모른다고 생각했지만, 오디션을 본 학원 담당자들은 A에게 연기자보다 아이돌 가수 준비를 권했다. 아이돌 가수로 데뷔하게 되면 자연스럽게 연기자나 모델이 될 기회를 가질 수 있다고 관계자들은 설명했다. 이후 조건이 맞는 학원을 찾다가 연기자 학원에 등록했고, 그 학원에서 지금 소속되어 있는 기획사를 소개받았다.

B는 솔로 가수를 꿈꿨다고 했다. 중학교 시절 노래를 잘해서 지역 노래 대회에서 상을 받는 횟수가 많아졌다. 그 과정에서 자신의 노래 실력에 자신감을 얻었고, 본격적으로 가수를 준비해야겠다고 결심했다.

— 저는 아이돌 가수가 되고 싶지 않았어요. 그냥 가수가 되고 싶었는데 부모님 반대로 늦게 시작했죠. 근데 막상 부딪혀 보니 아이돌을 준비할 수밖에 없는 구조더라고요. 제가 좋아하는 건 노래인데 아이돌을 준비해야 하니까 춤도 배워야 되고, 그러다 보니까 계속 아이돌 오디션만 보게 되고요. 기획사에서 가수는 오디션을 잘 안 봐요. 특히 솔로는 절대 잘 안 보고요.(B)

B는 지방에서 살고 있었다. 부모님은 지방에서 서울로 오고 가는 생활을 동의할 수 없다며, 딸의 서울 생활을 반대했다. 그러면서 아직 너무 어리니 고등학교 졸업 후에 서울에서 생활하라고 조언했다. 하지만 이후 B가 지방에서 개최되는 노래 대회에 나가 상을 타는 일이 많아지자, 결국 서울과 지방을 오가는 생활에 부모님도 동의했다. 딸의 의지를 꺾을 수 없었던 것이다. 서울 생활을 허락한 대신 고등학교는 꼭 졸업해야 한다는 부모님의 의견에 따라 B는 서울과 지방을 오가는 힘든 생활을 시작했다. 서울에 있을 때는 사촌 언니 집에서 지냈다. 일주일에 이틀은 학교를 다녔고, 그 외에는 서울에서 가수가 되는 길을 찾아다녔다. 학교 수업에 집중하기에 체력적으로 힘든 스케줄이었지만, 부모님을 어렵게 설득해 얻은 기회였기 때문에 어느 누구에게도 하소연할 수 없었다. 서울 사촌 언니 집에서 지내면서 오디션에 계속 지원했다. 이후 학원형 기획사 오디션에 합격했고, 한 달간 짧은 기간이지만 기획사 소속 연습생 생활을 했다. 이후 기획사를 나와 오디션 준비를 할 때에도 서울에서 오디션을 봐야 했기 때문에 고등학교 졸업 전까지 학교를 다니며 오디션을 준비하는 힘겨운 생활을 했다.

C는 초등학교 시절부터 노래와 춤을 좋아했고, 중학교 때 밴드부 활동을 하면서 본격적으로 춤에 관심을 갖기 시작했다. 케이팝 장르의 노래를 하는 아이돌 가수로 데뷔하기보다 춤을 추

고 싶었다. 하지만 기획사와 학원을 알아보면서 춤만으로는 사회에 진출할 수 없다는 현실을 깨달았다. 따라서 C도 우선 데뷔하는 것을 목표로 삼고 오디션 기회가 많은 아이돌 가수를 준비하기로 계획을 변경했다. C가 춤을 본격적으로 배운 것은 중학생 때로, 당시 댄스 학원을 다니면서 다양한 춤을 배웠다. 그렇게 아이돌 가수 오디션을 준비하다가 고등학교 2학년 때 다니던 댄스 학원을 통해 신생 기획사의 연습생으로 들어가게 되었다.

— 제가 처음에 이쪽 일에 관심 갖게 된 건 초등학교 2학년 때쯤 노래를 즐겨 부르면서예요. 그때는 아이돌 같은 건 몰랐고, 그냥 버즈의 〈나에게로 떠나는 여행〉 같은 노래를 많이 듣고 부르는 게 좋았어요. 그러다가 중학교 2학년 때 취미로 한번 춤을 춰보고 싶은 거예요. 그래서 관련 학원도 등록했어요. 춤을 배우고 추는 것 자체가 즐거웠어요. 춤으로 뭔가 할 수 없을까 알아보다가 기획사 아이돌 연습생 오디션을 지원하게 되었어요.(C)

C는 중학교 시절부터 춤을 배웠다. 춤추는 게 즐거웠고 이후 유명한 선생님이 있는 학원에서 춤을 집중적으로 배우기도 했다. 춤으로 데뷔할 수 있는 기회를 찾기 위해 기획사를 찾아다녔지만, 많은 기획사와 학원에서는 아이돌 가수 데뷔를 준비해야 자신이 하고 싶은 춤을 출 수 있다고 조언했다. 하지만 춤으

로 다져진 몸은 아이돌 가수가 되는 조건에 맞지 않았다. C는 아이돌 가수 데뷔를 준비하지 않았던 상태였지만, 학원에서 추천한 기획사 오디션을 보러 다니고, 연습 지도를 받았다. 그 당시 기획사 관계자로부터 몸매에 대한 지적을 자주 받았다. 아이돌 걸그룹 멤버가 되기에는 몸이 적합하지 않다는 것이다. 이 과정에서 C는 스트레스를 많이 받았다고 답했다.

D는 중학교 3학년 때 대형 기획사 아이돌 연습생 오디션을 통과해 현재 연습생 생활을 하고 있다. 부모님을 따라 우연히 들른 스튜디오에서 노래 녹음 등의 기회를 얻었고, 그때부터 자신의 재능에 대해 관심을 갖기 시작했다.

— 저는 회사 오디션을 한 번도 안 봤어요. 가수가 꿈이기는 했는데 오디션을 보기가 무서운 거예요. 그러다가 부모님이 한 번 봐 보라고 권하시기도 하고, 지금 있는 회사가 크고 좋다고 해서 찾아갔는데 한 번에 오디션에 붙었어요. 기획사에 대해 아무것도 모르고 들어온 거죠.(D)

중학교 3학년 때부터 연습생 생활을 하고 있는 D는 좀 더 일찍부터 본격적인 준비를 하지 않은 것이 후회된다고 답했다. 아이돌 가수가 되려면 보다 일찍 본격적으로 준비를 해야 한다고 생각하고 있었다.

— 저랑 제 친구는 가수 ○○○○ 곡을 작곡해서 비교적 일찍 데뷔한 경우에요. 당시 다른 작곡가들과 비교했을 때 작곡료도 비교적 많이 받았어요. 그때 제가 아는 형이 대형 기획사에서 작곡 일을 했었거든요. 형이 그 회사 소속으로 일을 진행하는 동안, 저랑 제 친구가 도움을 드리는 입장에서 같이 작업을 했어요. 유령 작곡가(고스트라이더)라고 아세요? 작곡자 명단에 이름은 안 올려요. 자기 이름을 넣지 않은 상태로 곡 작업을 하는 거죠. 그렇게 한동안 일했어요.(E)

E는 몇 년 전에 작곡가로 활동했었다. 20대 초반에 친구와 팀을 만들어 당시 유명 가수의 노래를 작곡하면서 데뷔했다. 데뷔는 성공적이었지만, 계속 곡 작업을 하기 위해서는 작곡가들의 기존 관례에 따라 대형 기획사 소속 가수의 노래를 작곡하는 유령 작곡가 활동을 해야 했다. 유령 작곡가는 작곡자 리스트에 명시되지 않는 숨어 있는 작곡가다. 여러 명의 유령 작곡가가 유명 작곡가의 이름으로 대중에게 소개되는 음악을 작곡한 셈이다. E는 실제로 음반 시장에서 이러한 일은 비일비재하다고 얘기했다. 당시 대형 기획사 사무실에서 작곡 작업을 했고, 대형 기획사 소속 아이돌 연습생들도 옆에서 볼 수 있었다고 답했다.

F는 길거리 캐스팅된 사례에 해당되는데, 기획사 관계자의 요청대로 부모님과 함께 기획사를 찾아가 오디션을 본 후 연습

생 생활을 시작했다. 그곳은 학원형 기획사여서 계약금을 내고 계약을 진행했다고 했다.

— 시내를 돌아다니는데, 갑자기 어떤 사람이 저에게 캐스팅을 하고 싶다고 얘기했어요. 학교랑 이름을 그 사람에게 이야기했는데 그 뒤 연락이 와서 두 번 미팅을 하고서 계약했어요. 1차 미팅 때는 자기소개랑 카메라 테스트만 하고 그냥 갔거든요. 그런데 2차 미팅이 있다고 다시 오라 해서 자기소개 다시 하고, 카메라 테스트 받고, 또 갑자기 대본을 주면서 즉석 연기를 하라고 했어요. 그 뒤 실장님인가 하는 분이 와서 계약하자고 해서 계약이 진행됐어요. 만약 사기면 바로 찾아가서 취소하려고 했는데, 부모님이 알아봤는데 괜찮은 회사인 것 같다고 해서, 지금까지 계약을 유지하고 있어요.(F)

계약에 대한 걱정이 앞섰지만, 부모님이 인터넷 사이트를 통해 회사 관련 정보를 수집한 후 계약을 진행해도 좋다는 결정을 했고, F는 부모님의 결정에 따라 계약을 진행했다. F가 속한 기획사는 아이돌 가수만을 집중적으로 연습시키는 곳은 아니었다. 따라서 F에게 혹독한 훈련을 요구하지는 않았다. 고등학생인 F는 키가 컸는데, 주변 사람들로부터 모델을 하라는 얘기를 자주 들었다고 했다. 자연스럽게 모델 쪽에 관심을 갖게 되었고, 모델 관련 캠프에 참가한 후 본격적으로 연예계 데뷔 준비를 했다고 답했다. 다행히 기획사에서는 F가 고등학생이라는 상황을 배려해 학교생활이 겹치지 않는 시간에 맞춰 외부 오디션 스케줄을 잡았다.

인터뷰 내용을 통해서도 알 수 있지만, 어린 시절부터 막연하게 아이돌 가수 데뷔를 꿈꾸었다기보다, 자신의 재능을 더 발전시켜 직업으로 선택하기 위해 오디션을 지원하는 경우가 많았다. 또한 길거리 캐스팅을 통해 기획사와 접촉하는 경우도 적지 않았다. 이렇게 10대들이 엔터테인먼트를 미래의 직업이나 꿈을 실현할 수 있는 분야로 생각하는 데에는 미디어를 통해 노출되는 케이팝 가수들의 활동이나 과거 친구들과의 놀이문화에서 받은 영향이 컸다. 또한 학원이나 기획사를 자발적으로 찾아가기보다 기획사 관련자들이 지원자들을 찾아다니는 경우도 적지 않았다. 대형 기획사뿐만 아니라 신생·중소 기획사의 설립이 증가하면서 기획사나 학원 간에 경쟁이 치열해졌고, 좀 더 괜찮은 수강생이나 연습생들을 확보하기 위해 길거리 캐스팅을 선택하고 있는 것은 아닌지 짐작해 볼 수 있다.

또한 음악적 재능이 있는 지원자들이 대중음악의 다양한 분야에 지원할 수 있는 기회가 적고 모든 길이 아이돌 가수 데뷔로만 획일화되어 있다는 점 역시 두드러진 특징이었다. 기획사 입장에서는 예술가를 발굴하는 것보다 수익성이 높은 대중문화 상품으로서 아이돌 가수를 발굴하는 것이 더 효율적이라고 판단하기 때문일 것이다.

2장

오디션 준비는 학교보다 학원에서

아이돌 연습생들을 직접 만나 보니, 10대 오디션 지원자들 모두 아이돌 가수로 데뷔하기를 원하는 것은 아니었다. 오히려 연예인이나 엔터테이너가 되는 방법이 곧 아이돌 가수로 데뷔하는 식으로 정형화되고 획일화되어 있음을 알 수 있었다. 댄서로 성공하고 싶거나 솔로 가수를 꿈꿨지만 대부분의 기획사에서 아이돌 가수 관련 오디션만을 진행했고, 학원에서도 아이돌 연습생 오디션에만 높은 관심을 가지고 있었다.

따라서 기획사 오디션 경쟁률이 높아졌고, 덩달아 오디션 합격 기준도 높아졌다. 다시 말해 높은 오디션 경쟁률을 뚫고 아이돌 가수로 데뷔하기 위해서는 노래, 춤, 외모 등 다양한 재능을 갖춰야만 했다. 결국 오디션 지원자들은 연기, 작곡, 악기 연주 등 다양한 재능을 키워야 했고, 이를 위해 관련 수업을 미리 수강해야 하는 것이 당연시되었다.

이러한 상황이 지속되면서 관련 업계 간의 네트워크가 형성되었다. 기획사, 학원형 기획사, 관련 학원 등 각 주체들이 서로 촘촘하게 연결되어 있었다. 기획사는 학원형 기획사를 통해 아이돌 연습생 오디션에 지원할 지원자들을 추천받는다. 학원형 기획사들은 고가의 학원비를 받아 수강생을 모집하는 방식으로 학원을 운영했다. 그 외의 연기자 학원, 댄스 학원, 보컬 학원 등에 기획사 오디션을 준비하는 10대 청소년들이 많이 몰렸고, 여러 개의 학원을 다니는 지원자들도 적지 않았다.

아이돌 오디션 준비 과정에서 사교육이 차지하는 비중은 대학 입시 과정과 크게 다르지 않다. 대학 입시를 위해 공교육보다 사교육이 중요한 수단으로 인지되는 것처럼, 아이돌 가수를 준비하는 10대들의 경우도 학교보다 학원에서 보내는 시간이 늘어날 수밖에 없었다. 10대들은 정상적인 중고등학교 생활을 선택하기보다 기획사 오디션 준비를 더 우선순위에 두었고, 학교에서도 이러한 학생들의 선택에 구체적인 조언을 할 수 없는 상황이었다.

10대 지원자들이 학원을 알아보고 학원형 기획사 오디션을 보려면 대학 입시를 준비하는 고등학교 생활과는 전혀 다른 스케줄로 움직일 수밖에 없다. 그런데 오디션 준비와 학교생활을 병행하는 것은 10대들에게 체력적으로나 시간적으로도 어려운 일이다. 그리고 본격적으로 연습생 생활이 시작되면 그들은 정규교육을 거의 받지 못하는 상황에 놓이게 된다.

— 학교에서 친구들이 저를 되게 불쌍하게 봤어요. 학교에서 거의 맨날 잠만 자니까 진짜 안쓰럽게 보더라고요.(A)

— 월요일과 화요일만 학교에 갔는데 가서도 피곤하니까 잠만 잤어요. 저녁에 서울로 올라와서 연습하고, 주말에 다시 지방에 있는 집에 내려가거나 아니면 월요일 아침에 서울에서 바로 학교로 가거나 그랬어요.(B)

— 학원 다니고 매일 새벽에 집에 들어오니까 잠을 제대로 못 자 피곤해요. 수업 때도 못 자기 때문에 쉬는 시간에 좀 자려고 했어요.(C)

— 학교에 있어도 3교시까지만 수업 받고 밥 먹기도 전에 조퇴해요. 그러니까 애들이랑 이야기를 많이 못해요. 고등학교 1학년 때부터 그랬어요.(D)

인터뷰 대상자들은 늦은 시간까지 춤이나 노래를 연습하면서 체력적으로 힘든 생활을 했다. 학교생활과 연습생 생활을 병행하고 있지만, 결국 하나는 포기하는 쪽으로 체력을 안배할 수밖에 없었다. 출석을 위해 아침에 등교하지만 대부분 조퇴를 선택했다. 학교에 있는 동안에도 전날 밤 연습하느라 부족했던 잠을 잘 수밖에 없었고, 친구들과 이야기를 나누거나 수업을 함께 듣는 시간이 점점 줄어들었다. 결국 정상적으로 학교생활을 하지 못하게 되면서 또래 친구들이나 담임 선생님과 점점 거리가 멀어졌다.

— 새벽 두세 시까지 연습하고, 겨우 세 시간 자고 학교를 가요. 수업을 듣고 싶은데 진짜 못 듣겠는 거예요. 그래서 수업 시간에 약간 졸았어요. 그런데 선생님이 밤에 뭐하느라 지금 자냐고 혼내셨어요. 선생님은 제가 뭘 하는지 모르니까요.(D)

학원형 기획사나 기획사 모두 연습생들에게 연습 이외의 시간을 허락하지 않았다. 또한 학원이나 기획사 대부분이 서울 시내에 위치하고 있어 학교가 멀거나 지방에서 올라온 연습생들은 학교생활을 병행하기 어려웠다. 인터뷰 대상자들은 자신이 가수, 연기자, 모델 등 원하는 분야에서 성공적으로 데뷔할 수 있는 방법은 학원에서 열심히 준비하는 길뿐이라고 생각했다. 기획사 관계자나 학원 선생님 역시 혹독한 연습을 통해 실력을 키우는 것만이 데뷔를 앞당길 수 있다고 설명했다. 연습생들은 소속사의 가이드라인을 따를 수밖에 없다.

인터뷰 대상자들도 학교보다 학원에서 더 많은 시간을 보냈다. 학교는 학원을 가기 전 들려야 하는 곳으로, 고등학교를 졸업하는 데 문제가 없을 정도로만 출석 일수를 채우는 방법을

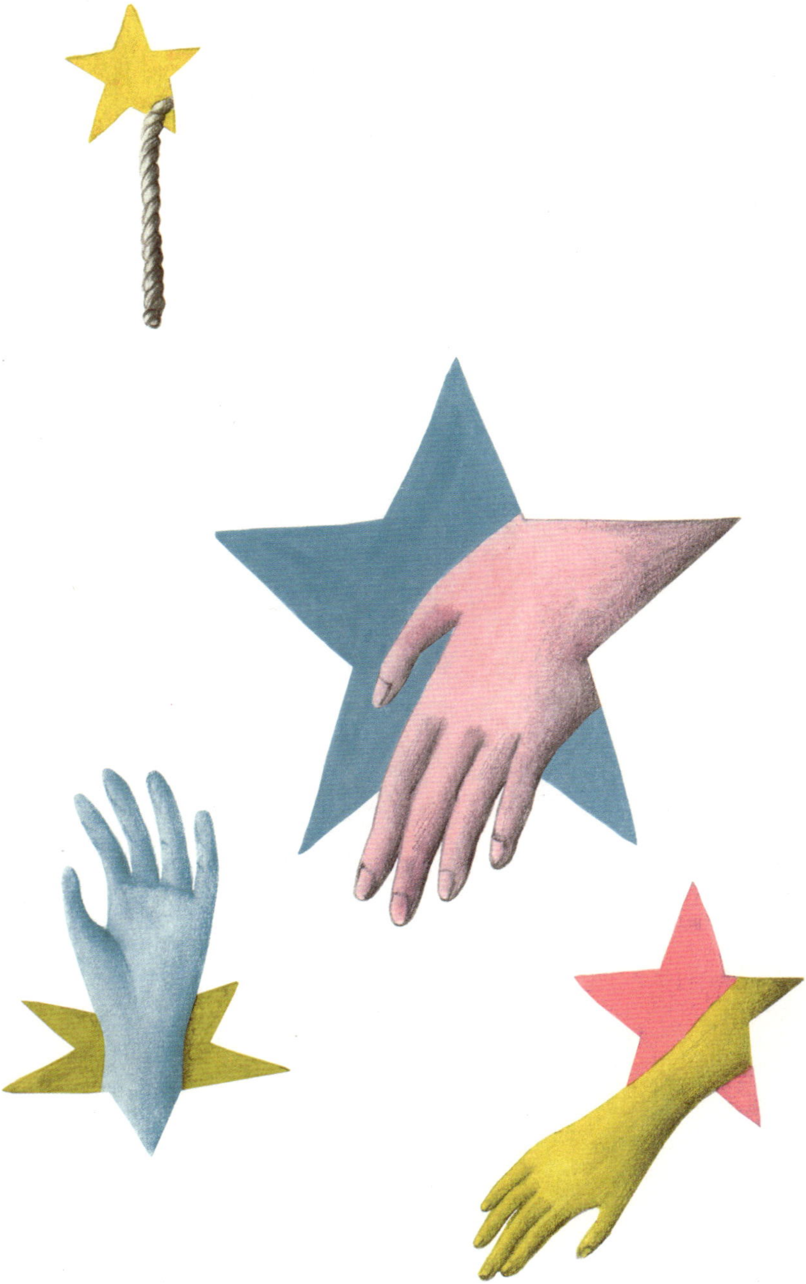

선택했다. 학원 생활에 충실하기 위해서는 학교에서 부족한 잠을 채울 수밖에 없었다. 또래 친구와 선생님은 아이돌 연습생이라는 점에 처음에는 관심을 가졌지만, 함께 지내는 시간이 점점 줄면서 점차 무관심해졌다. 그러다 선생님으로부터 수업 시간에 집중하지 못하는 학생으로 인식되어 꾸중을 듣곤 했다.

— 고1 때 우울증이 엄청 심해서 오디션 준비를 잠시 쉬었어요. 학교는 인문계 다녔는데 "예체능 한다고 해도 야간 자율 학습은 못 빼준다"고 학교 선생님들한테 엄청 잔소리를 들었어요. 제가 수업 중간에 조퇴하고 연습실로 가야 했는데, 그런 태도 때문에 많이 혼났어요. 그때 우울증이 엄청 심했어요. 집에도 문제가 있었고, 학교도 문제가 있었고, 학원에서도 선생님이 저한테 계속 뭐라고 그랬어요. 그래서 엄청 스트레스 받았어요. 학교 선생님들이 "이제 대학을 목표로 공부해라", "예체능을 왜 하냐?", "되지도 않는 걸 왜 하냐?"라면서 뭐라 했어요. 그래도 저는 계속 이 일을 하고 싶으니까 결국 특성화 고등학교로 전학을 갔죠.(C)

인터뷰 대상자들은 대부분 대학 입시를 준비하는 인문계 고등학교를 다니고 있었는데, 연습생 생활을 이해하지 못하는 선생님과 친구들 때문에 힘들어했다. 하지만 현실적으로 한국의 입시 중심 교육 시스템에서 벗어나 있는 학생을 배려하기는 쉽지 않았을 것이다. 오히려 일찍 조퇴하는 학생이 다른 학생들의 학습 분위기를 방해한다고 판단했을 수도 있다. 혹은 3교시 이후에 사라지는 학생이므로 아예 무관심하게 대했을지도 모른다. 인터뷰 대상자들은 연습생 생활에 대해 상담하거나 힘든 상황을 털어놓을 친구를 찾기는 쉽지 않았다고 했다. 연습생 생활이 길어질수록 연습생들은 학교생활에 관심을 두지 않게 되었다.

— 고등학교 때 연습생이었는데, 처음에는 친한 몇 명한테만 제가 아이돌 연습생이라는 얘기를 했어요. 그런데 점점 소문이 퍼지더라고요. 외부 활동 때문에 제가 머리를 눈에 띄게 해야 될 때가 있었거든요. 그래서 좀 다르게 하고 학교에 갔는데 난리가 난 거예요. "머리 좀 만져 봐도 돼?" 이러면서 애들이 저를 조심스럽게 대했어요. 특히 여자애들이 '넌 다른 세상에 살고 있는 애야' 이런 식으로 이야기하니까 되게 섭섭하고 외로웠어요. 연습생이 되기 전에는 같이 놀러 다니고 그랬는데 이제 연습하느라 잘 보지 못하고 이야기 나눌 시간도 별로 없으니까 '얘랑 나랑 멀어졌구나' 생각하는 것 같아요. 왜 그런지 자세하게는 저도 몰라요. 그냥 제가 그렇게 느끼는 거예요.(A)

또래 친구들은 아이돌 '연습생'이라는 위치보다 '아이돌'에 더 방점을 두고 대하는 듯했다고 말했다. 오후 수업 시간마다 교실에 없는 연습생 친구들을 점점 특별하게 생각했다. 같은 반 친구들은 아이돌 연습생은 곧 아이돌이 될 거라는 시선으로 바라봤고, 인터뷰 대상자들은 그런 주변의 시선이 부담스럽다고도 했다.

— 이제 고2가 되는데 저는 학업에 딱히 신경을 쓰고 싶지 않거든요. 지금은 연습생 생활에 집중하고 싶어요. 엄마도 저한테 공부를 하라고 압박하는 편은 아닌데 그래도 수능 준비는 해야 되지 않냐고 말씀하세요. 계속 반복되니까 압박감을 느끼게 돼요. "대학은 안 갈 거야?" 이러시니까요. 그리고 내년에 데뷔 못하면 아이돌 가수 준비를 접으라고 하세요. 부모님은 아이돌은 무조건 어릴 때 해야 한다고 생각해요.(D)

— 제일 고민이 되는 건 … 저는 '아카데미를 다녀야겠다'는 생각인데 엄마는 '아무리 그래도 공부를 해야지'라고 이야기하는 거예요. 엄마랑 그 부분에서 갈등이 조금 있어요.(E)

연습생들은 아이돌 가수 데뷔의 불확실성 때문에 대학 입학 역시 포기할 수 없는 상황에 있었다. 따라서 연습생들은 학교생활과 연습생 생활을 모두 유지해야 하는 상황에 놓이게 된다. 부모 입장에서는 자녀의 진로가 결정되는 중요한 시기가 10대이므로, 데뷔가 불확실한 경우를 대비해 대학 입시 준비도 함께 병행해야 한다는 입장이었다. 따라서 연습생 생활뿐 아니라, 대학 입시도 준비해야 한다고 조언한다.

이런 상황에서 연습생들은 기약 없이 데뷔를 기다리다가 나이 들어 간다는 것에 매우 큰 불안감을 느꼈다. 함께 연습생 생활을 하던 선배들이 탈퇴하고, 동시에 자신보다 나이 어린 신입 연습생들이 들어오는 것을 지켜보며 점점 데뷔에서 밀려나는 것 같다고도 했다.

— 기획사 연습생으로 열다섯 살 친구들이 들어와요. 처음 연습생 생활을 시작했던 1년 전에는 제가 막내였거든요. 열여덟 살 언니들이 있고 저만 열일곱 살이었어요. 그런데 열여덟 살 언니들이 하나둘 나가고 저보다 어린 애들이 들어오니까, 이제 제가 거의 맏이인 거예요. 점점 어린 애들이 들어오는데 걔네들은 절실함도 없어 보이고 열심히 하지 않는 것 같아요. 저희는 1년 반 동안 열심히 해서 지금까지 버텼는데, 걔네들은 막바지에 들어와서 열심히도 안 하고, 그러니까 저희들 입장에서는 열불이 나는 거죠.(D)

고등학교 생활을 같이하는 또래 친구가 부재하면서 아이돌 연습생들이 경험할 수 있는 인간관계는 경쟁에 놓인 동료 연습생과 기획사 관계자들뿐이다. 또래 친구지만 경쟁자라는 특수한 상황 때문에 연습생들 간의 갈등은 불가피하다. 이러한 갈등은 아이돌 가수로 데뷔를 해야만 해결되는 것처럼 보였다. 언제 기획사에서 나가게 될지 모른다는 불안감은 어린 연습생들이 들어오면서 더욱 커졌을 것이다. 그런 불만이 신입 연습생들의 기획사 생활 태도에 대한 비판으로 나타나는 듯했다.

인터뷰 대상자들이 신입 연습생들에게서 느끼는 불만은 '연습생은 절실함이 항상 다른 사람의 눈에 띄어야 한다'는 학습에서 비롯된다. 기획사에서 연습생들을 대하는 방식이나 연습 시간 등 기획사가 요구하는 생활에 익숙해지면서 '내가 열심히 하는 만큼 너도 열심히 해야 한다'라는 생각이 강했다. 신입 연습생에게 적응 기간은 주어지지 않는다. 절실함과 부지런함만이 요구된다. 연습생들은 잠시의 쉼도 허락되지 않는 훈련 시스템에 유입됨과 동시에 이러한 상황들을 받아들여야 하는 것으로 스스로 학습하고, 다른 연습생들에게도 그러한 방식을 받아들이도록 요구하는 식이었다.

이는 친구들과의 즐거운 수다, 부모님과의 여행 등 학창 시절에 누려야 할 학교생활과 일상을 포기하고 연습생 생활에 몰두하면서 가지게 된 감정이라고 볼 수 있다. 연습생이라는 자신의 사회적 위치에만 집중하면서 느끼는 감정인 것이다. 그리고 그들은 불안감을 떨치기 위해 연습에 더욱 몰두하는 듯 보였다.

연습생들의 부모들도 고민이 많았다. 이들은 데뷔가 불확실한 연습생 생활을 유지하는 것보다 때가 되면 현실적으로 판단해야 한다고 생각했다. 따라서 인터뷰 대상자들의 부모들은 모두 '연습생 생활은 스무 살까지'라는 기준을 자녀들에게 제시했다. 스무 살까지 데뷔하지 못하면 연습생 생활을 그만두어야 한다는 것이다. 성인이 된 이후에도 막연하게 연습생 생활을 하는 것보다는 대학에 진학하거나 취업을 하는 방법이 올바른 선택이라고 생각하고 있었다. 특히 경제적으로 넉넉하지 못해 자녀의 연습생 생활을 지원하기 쉽지 않은 경우 대학에 진학하거나 취업하기를 원했다. 그러나 인터뷰 대상자들은 자신이 꼭 데뷔할 것이라는 믿음을 가지고 있었고, 지금까지 준비한 시간을 생각했을 때 아이돌 가수 준비를 그만두기는 쉽지 않다고 대답했다.

3장

가족과 친구의 부재

인터뷰 결과 대다수 아이돌 연습생들은 심리적 압박감을 쉽게 드러내지 못하는 것으로 나타났다. 아이돌 연습생 생활이나 오디션 준비를 자신의 의지로 결정하고 부모님을 설득했기 때문에 학교와 학원을 병행하며 겪는 어려움, 기획사나 학원 관계자들과 겪는 심리적 갈등과 부당함 등을 부모에게 쉽게 털어놓지 못했다. 오히려 잘 지내고 있거나 열심히 연습하는 괜찮은 모습만을 보여 주려고 노력하고 있었다. 성인이 되면 연습생 생활이나 가수 준비를 계속하기 어렵다는 부모의 의견 역시 그들로 하여금 연습생 생활과 학교생활을 병행하는 데서 오는 어려움에 대해 침묵하게 만들었다.

— 예전 학교 친구들은 연락을 점점 안하게 되니까 그 친구들은 제가 어떻게 지내는지 아예 모를 거에요. 저도 만나는 학교 친구들의 거의 없어서 친구들 소식을 아예 몰라요.(D)

인터뷰 대상자들은 모두 심리적 불안감으로 스트레스를 받고 있었고, 학교와 연습생 생활을 병행하는 것을 힘들어했다. 학원이나 기획사 생활은 경쟁자 친구들과 같은 공간에서 많은 시간을 함께 보내야 하므로 24시간 긴장 상태에 있다고 해도 무방하다. 기획사 생활은 넓은 공간에서 함께 연습하는 것이 주를 이루는데, 기획사 연습생들이 자주 바뀐다는 점도 불안감을 느끼는 중요한 이유였다. 또한 학교 또래 친구들과 다른 길을 선택한 결과가 데뷔가 아닐 수도 있다는 점도, 그래서 데뷔하지 못한 채 연습생 신분으로 기획사를 떠나게 될지도 모른다는 점도 그들을 힘들게 하는 불안 요인이었다.

— 기 싸움 같은 게 있어요. 그리고 뒤에서 헐뜯고 그런 게 많았는데, 저는 항상 중간 입장이었어요. 그래서 여기저기서 치이니까 정신적으로 너무 힘든 거예요. 싸우는 애들도 힘들긴 하겠죠. 얘기를 하자니 얘가 쟤한테 말할 것 같고, 얘기를 안 하자니 속만 터지고. 부모님한테도 이런 상황을 말하기 어려워요. 걱정하실까 봐요. 학교 친구한테 얘기해도 보통은 그냥 "힘내"라는 말만 듣죠.(A)

— 모든 연습생들이 '언제 데뷔하지' 하는 마음만 가지고 있는 것 같아요. 〈프로듀스 101〉을 보는데 너무 공감되는 거예요. 그 사람들도 저랑 같은 생각을 하고 있더라고요.(D)

아이돌 연습생들은 외부와 단절된 채 연습생들끼리 지내는 생활을 지속하는 데다 개인적 고민뿐만 아니라 함께 지내는 사람들 간의 갈등까지 겪으면서 정신적 스트레스를 많이 받고 있었다. 물론 또래 친구들도 학교에서 동급생들 간의 갈등을 겪을 것이다. 하지만 학교에서는 선생님과 또래 친구 등 좀 더 폭넓은 인간관계를 경험하고 의사소통도 가능하다. 그에 반해 연습생 생활은 폐쇄적인 생활환경과 반복적인 연습, 지속적인 몸무게 관리, 자주 바뀌는 멤버들, 기약 없는 데뷔 등 여러 문제가 겹치고 반복되었다.

기획사 관계자들이 연습생들에게 취하는 커뮤니케이션 방식은 문제가 많았다. 과도하게 연습 시간을 정해 놓고 따르게 하거나 강압적으로 몸무게를 관리하기도 했다. 또 외모를 비하하거나 성형수술을 제안하는 사례도 있었다. 이런 상황에서도 연습생들 간의 경쟁 관계는 항상 존재했는데, 그룹 구성원마저 자주 바뀌다 보니 정서적 유대 관계를 유지할 대상을 찾기가 어려웠을 것이다. 고민을 쉽게 털어놓지도 못하고 심신은 지칠 대로 지친 상태라 사소한 트러블도 많았다. 우려스러운 점은 이 모든 갈등을 개인 스스로 해결하고 있다는 점이다. 부모님의 반대를 거스르고 연습생 생활을 시작했기 때문에 연습생 생활의 어려움을 솔직하게 털어놓지 못했다. 혼자 생각하고 결론을 내리는 등 고민을 떠안는 경우가 많았다. 기획사 관계자들만이 연습생들의 유일한 소통 창구이자 의지 대상이었다.

연습생들은 기획사 관계자들을 자신의 데뷔를 책임질 수 있는 유일한 대상으로 여겼다. 그렇다고 그들을 백 퍼센트 신뢰할 수 있는 대상으로 생각하지도 않았다. 게다가 연습생들 간의 유대 관계도 불안정했다. 연습생 생활을 늦게 시작하든 일찍 시작하든 데뷔를 준비하는 절박한 상황이라는 조건은 변함없었다.

— 원래 처음 들어오는 사람들은 이런 생각을 하죠. '난 처음 들어왔고, 아무것도 모르니까 못하는 게 당연하다'라는 생각이요. 그런데 전 그걸 버리라고 그랬죠. 처음 왔으니까 더 열심히 해야 한다고도 말해 주고요. 제가 이렇게 하는 이유는 제가 여기 처음 들어왔을 때 아무도 말을 안 걸어 줬거든요. 처음에는 맨날 울었어요. 그때 제가 막내였는데, 누구도 저한테 얘기도 안 해주고 아무것도 몰라서 정말 힘들었어요.(D)

기획사 연습생 생활은 이르면 중학교 1학년, 늦어도 고등학교 1학년 때부터 시작한다. 그래서 스무 살이 넘으면 나이 많은 연습생으로 인식되거나 데뷔가 불가능한 대상으로 여겨진다. 실제로 스무 살이 되어서도 아이돌 가수로 데뷔하지 못하면 기획사를 나가는 수순을 밟기 때문에, 그런 상황을 옆에서 보게 되는 연습생들은 시간이 지날수록 데뷔를 못할지도 모른다는 불안감으로 예민해질 수밖에 없다. 다시 말해 5~6년 이내에 데뷔가 결정되는 데서 오는 중압감과 지원자들 중 소수만 데뷔하는 구조적 한계가 많은 연습생들을 불안하게 한다.

이러한 불안감은 오히려 연습을 열심히 할 수밖에 없다는 절실함으로 변형된다. 기획사나 학원 생활 스케줄은 10대들이 이겨 내기에는 힘든 일정이었다. 인터뷰 대상자들은 자신의 연습생 생활을 이야기할 때 '출근'과 '퇴근'이라는 단어를 사용했다. 그들의 표현을 빌자면, 기획사 출근은 오후 1시까지, 퇴근은 밤 11시였다. 대중교통을 이용해 집에 갈 수 있는 경우에는 밤 11시보다 더 늦은 시간까지 연습했다. 학교를 나가지 않는 날은 오전 10시에 출근을 했다. 출근과 퇴근 시간은 정해져 있었다.

— 한번은 저희가 춤 연습을 다 같이 하고 밤까지 있어야 할 때가 있었어요. 그런데 한 친구의 부모님이 올 수 없는 상황이라 열 시 반에는 가야 했어요. 그게 대중교통 막차 시간이거든요. 그런데 연습하다 보니 택시에 할증 붙는 시간까지 있었어요. 매니저 분이 그냥 택시 타고 가라고 하더라고요. 그래서 일주일 동안 그 친구가 20만 원을 택시비로 썼어요. 택시비라도 주든가 아니면 데려다 주든가 해야 하는 거 아니냐고 했어요. 그러다가 그냥 저희 돈으로 각자 차비를 냈어요.(D)

연습생들은 대부분 늦은 시간까지 연습을 반복하는데, 연습을 위한 지침이 대형 기획사나 신생 기획사 모두 특별하게 마련되어 있지 않았다. 춤 이외의 노래나 연기 등은 비용 지출을 피하기 위해서인지* 대부분 춤 연습에 집중했다. 그도 그럴 것이 트레이너 없이 연습생들이 스스로 시간을 보낼 수 있는 방법은 대부분 춤 연습이라고 판단하는 듯했다. 그리고 개인보다는 그룹 형태의 춤 연습에 집중했다. 하지만 그 외에 문제들에 대해서는 꼼꼼하게 연습생을 관리하지 않았다.

— 제가 연습생으로 기획사에 처음 들어가서 연습생 생활을 하는 친구들을 만났는데 텃세가 좀 있었어요. 하지만 저는 '얘네한테 밉보이면 안 되겠다' 생각이 들었어요. 그래서 무조건 열심히 하는 모습을 보여 주려고 했어요. 근데 자꾸 다치는 거예요. 춤 연습이 힘들거든요. 저는 그때 난생처음 춤을 춰 봤는데, 잘 모르겠더라고요. 외우라고 하는데 안 외워지고요. 처음에는 열심히 하면 된다고 생각했는데 점점 지치고, 쉬는 날도 없고, 맨날 몸무게 재고, 회사 윗사람들과 부딪치기도 하면서 정신적인 스트레스가 너무 심하더라고요. 춤이나 노래를 가르치시는 분은 잘하는 사람들이잖아요. 못하는 사람들을 보면

* 인터뷰 대상자들은 대부분 "춤 이외의 다른 연습은 전문가에게 강습비를 지출해야 하는데, 그런 비용을 크게 쓰지 않는 것 같다"라고 답했다.

답답하겠죠. 근데 저는 못하니까 그분들이 보기에 제가 답답한 건 당연하지만 계속 그런 상황이 반복되니까 '그럼 왜 날 뽑았지?'라는 생각이 계속 드는 거예요.(A)

— 힘든 상황을 얘기해도 다들 똑같은 입장이니까 그냥 혼자 울 수밖에 없어요. 이게 되게 외로운 직업 같아요. 대학 간 친구들이 사람들과 어울려서 이야기하고 술도 한잔하고 엠티도 가는 게 부럽기도 했어요. '대학 갈걸 그랬나?' 한없이 우울했어요. 그런데 혼자 알바도 하고 회사도 가보고 어찌 보면 먼저 사회생활을 한 거니까 모두 경험이라고 생각해요.(B)

아이돌 연습생들은 하루 24시간을 모두 쏟아부어야 경쟁에서 우위를 점할 수 있고, 그래야만 데뷔가 가능하다고 믿고 있었다. 인터뷰 대상자들은 잠깐의 쉼을 갖는 것이 현실적으로 불가능하고, 심지어 사치라고 판단했다. 시간이 나면 연습을 계속해야 한다고 생각했고, 실제로 그런 생활을 하고 있었다. 그들에게는 연습 이외의 모든 것이 시간 낭비였다. 친구들과 연락하는 것조차도 데뷔를 위해 포기하고 있었다.

3부

신기루 같은 연습생 생활

1장

노출해서는 안 되는 신분, 연습생

엔터테인먼트 기획사들은 아이돌 연습생들을 공개하지 않는다. 음악 전문 프로그램에서 종종 기획사 소속 연습생들의 생활을 다루거나 오디션 프로그램을 제작하기도 하는데, 이는 대부분 내부적으로 데뷔를 결정한 연습생들을 공개하는 것으로 데뷔 전 팬덤 형성이 목적이다.

— 불과 몇 년 전까지만 해도 연습생들은 극비였어요. 특히 자신들이 키key라고 생각하는 연습생들은 끝까지 꽁꽁 포장해서 비밀로 하는 게 너무 흔한 이야기였죠.(H)

아이돌 연습생이 출연하는 TV 프로그램이 늘어난 이유에 대해 전문가들은 아이돌 가수의 공개 전략이 최근 다변화되었기 때문이라고 설명했다. 어떤 경우에는 아이돌 연습생들 간의 유닛 팀을 구성해 시청자와 팬들의 반응을 보고 팀 구성원을 결정하기도 한다. 또한 리얼리티 프로그램을 통해 아이돌 연습생들을 공개하는 경우도 있는데 이를 통해 멤버별 팬 커뮤니티가 형성되면 데뷔 후 인기를 미리 확보할 수 있다는 차원에서 긍정적으로 판단했다. 결국 아이돌 가수 데뷔에 중요하게 작용하던 대중매체 노출 전략이 이젠 연습생 시절부터 노출되는 방식으로 변화했음을 알 수 있다.

— 최근 연습생들의 대중매체 노출이 많아지면서 개인 멤버별로 팬덤이 생기기도 쉽고, 데뷔했을 때 인기를 확 올리기에도 수월해졌어요. 하지만 확실히 이미지 소비라는 걸 무시할 수는 없어요. 특히 아이돌 같은 경우 데뷔하고 어느 정도까지는 대중에게 계속 신선함 같은 걸로 호소하는 부분이 있거든요. 그런데 너무 노련하고 능숙하여 그 부분이 금방 치환이 되어 버리면 신인만의 매력이 완전히 감소되죠. 왜 그렇게 기획사에서 비밀스럽게 했는지 알겠어요. 그런데 최근에 리얼리티 프로그램도 워낙 많아지고 SNS 활동이 활발해지면서 대중매체 노출이 잦아졌어요. 아이돌 그룹 전체를 좋아하는 이들도 많지만 멤버 하나하나의 개인 팬들이 가지는 힘도 예전에 비해 굉

장히 커졌거든요. 특히 SM엔터테인먼트 같은 경우는 정식 데뷔 전에 루키즈를 통해 연습생들을 먼저 공개하거나, 신인 그룹인 엔씨티NCT의 경우 대중의 관심을 끌기 위해 유닛 그룹의 싱글 앨범을 발매하는 등 새로운 시도를 많이 하고 있어요. 장단점이 있는 것 같아요. 비밀을 지켜서 대중들에게 신선함으로 다가가는 방법, 익숙하게 조금씩 보여 주면서 팬덤을 공고화시키는 방법, 요즘에는 두 방법이 다 사용되는 것 같아요.(H)

그러나 기획사의 연습 지도 과정이나 계약 내용, 연습생 관리 과정에서 생기는 부당한 상황이 외부로 나가는 것을 꺼려 하기 때문에 대부분의 기획사에서는 연습생을 철저하게 관리한다. 실제로 이 연구를 위해 아이돌 연습생을 섭외하는 일은 정말 쉽지 않았다. 기획사 관계자, 방송사 음악 방송 담당 PD, 아이돌 가수 매니저, 현재 신인 아이돌을 제작하고 있는 아이돌 그룹 멤버 등 많은 관계자들에게 연락했지만, 돌아오는 대답은 "인터뷰는 어렵다"였다. 데뷔 전 기획사 내부의 관리 노하우와 연습 과정이 공개되는 것을 걱정했기 때문일 것이다. 아이돌 연습생 발굴과 연습 지도 과정 그리고 어떤 재능을 가진 아이돌 연습생을 보유하고 있는지 등도 기획사의 자산 가치로 평가되기 때문에 연습생 공개는 여전히 베일에 싸여 있었다.

꾸준한 섭외 끝에 인터뷰가 가능한 기획사 아이돌 연습생과 연락이 되었지만, 인터뷰 전날 일정을 취소하는 일도 비일비재

했다. 어찌 보면 연습생으로서 자신의 이야기를 공개하는 것은 일종의 모험이었을 것이다. 기획사에서 관리 명목으로 사생활을 철저하게 관리하고 있었기 때문에 연습생들은 인터뷰를 하는 것 자체를 조심스러워했다.

연습생 스스로도 사생활 공개나 모르는 타인과의 만남을 꺼려 했다. 어렵게 데뷔를 하더라도 소수만 살아남는 대중음악 시장에서 연습생 시절의 이야기가 부정적으로 영향을 미칠지도 모른다는 두려움이 인터뷰를 피하는 요인이 되었을 것이다. 이러한 이유로 인터뷰 섭외는 예상했던 것보다 훨씬 어려웠다. 기획사 역시 연습생에게 투자한 비용과 시간 등을 고려했을 때 문제가 발생하지 않도록 아이돌 연습생의 개인 생활을 철저하게 관리하고 있었다.

실제로 인터뷰를 진행하면서 기획사에서 아이돌 연습생을 어떻게 관리하는지도 알 수 있었다. 연습생들은 SNS 계정을 만들어서도 안 되고 사진도 친구들과 공유할 수 없었다. 이성 친구를 만나는 것 역시 허락되지 않았다. 여기서 주목해야 하는 점은 기획사 소속 연습생들이 사생활 침해에 가까운 회사의 관리 방침을 자발적으로 따르고 있다는 것이다. 하지만 좀 더 자세히 들여다보면 진정한 자발성이라고 보기 어렵다. 연습생들은 체력적으로나 정신적으로 힘든 상황이다 보니 기획사와 문제가 되는 상황은 피하고 싶어 했다. 무엇보다 지금 집중하고 있는 데뷔 준비 기회를 놓치고 싶지 않기 때문이다. 데뷔를 준비하는 시간이 너무 중요한 시기이므로 연애를 하거나 친구를 만나는 일상적 재미는 데뷔 후로 미루고 있었다. 학교에서도 잦은 조퇴로 가뜩이나 주목받는 상황이다 보니 괜한 문제를 일으키지 않는 것이 옳다고 판단하고 있었다.

— 저는 소문내는 것도, 소문나는 것도 별로 안 좋아해요. 나중에 뭐 (연예인) 되었을 때 누군가 악감정 품고 이상한 말을 해댈 수도 있잖아요. 그래서 남의 입에 오르락내리락 하는 것도 별로 안 좋아해요.(C)

— 학원 끝나고 집에 오는데 학교 선배들이 저한테 "너 왜 밤늦게 돌아다니니?" 하는 거예요. 그래서 밤에도 조심해서 다녀야겠구나 생각했어요. 일일이 다 설명하기 어렵잖아요. 제가 연습 끝나고 집에 간다는 걸 말이죠. 아이돌로 데뷔하기 위해서는 사생활을 조심해야 한다는 걸 저는 일찍 안 것 같아요. 괜한 소문이 나면 안되니까요. 회사(기획사) 다닐 때도, 다른 사람들은 연습 끝나면 놀러가고 그러거든요. 그런데 저는 원래 노는 걸 별로 안 좋아해서 그러는 걸 수도 있는데, 회사 끝나면 집-회사-집-회사-집, 그래요.(D)

이미 데뷔한 아이돌 가수들이 데뷔 전 연애 사실이나 음주·흡연 사진 등이 인터넷을 통해 확산되고 기사화되면서 곤란에 빠지는 걸 지켜봤기 때문인지, 아이돌 연습생 대부분이 집과 학교, 기획사만을 오가는 단순한 생활을 하려고 노력했다. 연습생이라는 신분은 학교에서나 또래 친구들에게 주목받기 쉽다. 실제로 중학교 시절 억울한 구설수에 올랐던 경험이 대부분은 있었고, 따라서 학교 친구들과의 만남이나 외출을 피했다.

— 우리 회사 바로 앞에서 음악 프로그램 녹화를 했었어요. 근데 그것마저 못 보게 했어요. 그냥 2분 걸어가면 볼 수 있는데 그걸 못 보게 했어요. 그런 게 있으면 좀 보내서 무대도 보게 하고 어떻게 하는지도 보게 하고 그럼 좋은 경험이 될 텐데, 그걸 안 해줘요.(D)

이렇게 회사 지침을 충실히 따르는 자신의 노력에 비해 기획사의 지원은 미비하다는 점에 연습생들은 불만이 많았다. 또한 좋아하는 음악 공연조차 볼 수 없는 단조로운 생활과 기획사의 트레이닝 방식에 불만을 털어놓기도 했다.

2장

매뉴얼 없는 준비 기간

최근 음악 전문 채널에서는 기획사 소속 연습생 간의 경쟁 과정을 담은 서바이벌 오디션 프로그램을 꾸준히 제작하고 있다. 이전에는 인기 아이돌 그룹의 일상생활을 보여 주는 데 주목했다면 이제는 아이돌 가수로 데뷔하기 전 모습부터 대중매체를 통해 노출하는 쪽으로 방송 전략이 바뀐 것이다. 그동안 기획사가 공개하지 않았던 연습생들을 볼 수 있다는 점이 시청자들의 관심을 끄는 데 주효했다. 연습생 대상 서바이벌 프로그램에서 가장 큰 주목을 받는 그룹은 '트와이스TWICE'와 '아이오아이I.O.I', '워너원Wanna One'이다.

아이돌 걸그룹 트와이스는 2015년 JYP 소속 아이돌 연습생

간의 오디션 과정을 담은 엠넷의 〈식스틴〉으로 데뷔했다. 〈식스틴〉은 JYP 소속 연습생들이 신인 걸그룹의 멤버가 되기 위해 경쟁하는 과정을 보여 주었다. 방송 이후 트와이스는 2016년에만 광고 10개를 촬영할 만큼 발표하는 곡마다 좋은 성적을 거두었다.* 2016년 엠넷에서 방송된 서바이벌 오디션 〈프로듀스 101〉을 통해 데뷔한 아이오아이 역시 2016년 활동 수익이 100억 원으로 추정되면서 성공한 그룹으로 평가받고 있다.** 〈프로듀스 101〉의 성공으로 방송사는 시즌2를 기획해 보이그룹 워너원을 데뷔시켰다. 2016년 아이오아이가 대중매체를 종횡하며 큰 인기를 얻었듯이 2017년에는 워너원이 대중매체를 채웠고, 기대 이상의 대중적 성공을 이뤘다.

결국 기획사가 대중매체와 결탁해 아이돌 가수의 일상생활을 공개하고, 연습생들의 데뷔 과정을 집중적으로 보여 주는 전략은 대중의 지속적 관심을 유지하는 데 성공했다고 볼 수 있다. 그리고 이런 상황은 아이돌 연습생 지원자들의 수를 늘리는 데 영향을 미쳤을 것이다. 이렇게 대중매체에 아이돌 연습생의 연습 과정이 노출되면서 인터뷰 대상자였던 아이돌 연습생들은 불만을 토로했다. 학교생활을 포기하고 소속사 연습 공

* 트와이스, '치어업, TT' 음원 수익만 수억 원 … 광고는 10여 편이나", 스포츠투데이, 2016.12.05.

** "아이오아이, 팀 활동 수입이 무려 100억 원", 스포츠경향, 2017.01.08.

간에만 머물면서 연습에 모든 시간을 투자하고 있지만, 대중매체 속 오디션 프로그램에서 보여 주는 연습 지도를 자신들은 받지 못하고 있다고 했다. 특히 구체적인 연습용 지침이 없다는 것에 큰 불만을 가졌다.

— 그냥 저희끼리만 연습하게 했어요. 시간만 갔죠.(B)

— 그때는 보컬을 제대로 배운 적이 없어요. 그래서 솔직히 너무 스트레스 받았죠. 왜냐하면 노래를 배우고 싶다고 몇 번이나 말했는데 제 말은 듣지 않으시고 이상한 사람한테 발성을 배우게 했어요. 처음에 복식호흡을 어떻게 하는지 이론을 배웠어요.(C)

아이돌 가수는 집단 군무, 뛰어난 외모 등으로 그룹의 경쟁력이 평가되기 때문에 노래, 춤 등을 나눠서 맡는 경우가 대부분이다. 모든 재능을 다 갖춰야만 뛰어난 그룹으로 평가받기 때문이다. 하지만 인터뷰 결과 인터뷰 대상자들이 속한 기획사는 아이돌 연습생들을 위한 체계적인 교육 과정을 마련해 놓지 않았다. 앞서 살펴봤듯이, 아이돌 연습생들은 매일매일 긴장과 경쟁의 상황에 놓여 있고 실제로 힘든 스케줄을 소화하고 있었다. 하지만 대부분 개인의 시간 관리와 반복적 연습이 이루어지고 있을 뿐, 각 분야별 전문가들에 의한 체계적 교육은 진행되지 않았다.

— 2년 동안 정말 많은 일이 있었어요. 애들이 나가고 들어오고 바뀌고 일이 엎어지고 그런 경우가 대부분이었어요. 저희도 지칠 수밖에 없죠. 적응을 해야 하는데 애들이 계속 바뀌니까요. 애들이 또 잘하는 애들도 아니어서 처음부터 다시 가르쳐 줘야 되고, 대형도 다시 다 짜야 되고…. 이런 모든 상황이 너무 스트레스였어요.(A)

— 우리 회사는 큰 계획이 없어요. 저희한테 옷을 입혀서 보여 주는 것도 아니고, '너희가 알아서 해' 이런 느낌인 거예요. 준비되어 있는 게 없고, 자꾸 데뷔조 만든다고는 하는데, 멤버 구성원이 계속 바뀌니까 저희들은 불안하죠. 다른 회사들은 쇼케이스 같은 무대도 보여 주고, 경험을 많이 하게 해주는데 저희는 그냥 회사 안에서 있으니까요.(D)

— 몇 시까지 오고 몇 시까지 끝내라. 그렇게만 방치해 두니까 실력이 안 늘 수밖에 없죠. 배우는 것도 없고, 멤버들도 열심히 안 하니 저도 열심히 안 하게 돼요. 저희끼리 하니까 점점 실력도 죽어 가는 것 같았죠. 레슨을 안 시켜 주니까 일단 소속사에서 저한테 들어가는 돈은 하나도 없었어요. 교통비도 다 저희가 내니까요. 그래서 계약을 해지할 때는 편하게 했죠.(B)

— 춤 수업 시간에 저희가 녹음해 놓은 노래에 맞춰 계속 춤을 시키는데 솔직히 그 노래로 데뷔할 것도 아니니 수업이 의미가 없는 거예요. 차라리 기본기나 다른 춤을 배우는 게 더 의미가 있다고 생각했어요. 어차피 나중에 다 빛으로 남는 건데

왜 그렇게 의미 없는 수업을 해야 하는지도 잘 모르겠어요.(C)

아이돌 가수가 속한 기획사는 곧 한류 기획사로 인식된다. 국내뿐만 아니라 해외 진출을 경험하면서 수익을 얻을 수 있는 다양한 활로를 구축할 수 있기 때문이다. 따라서 현재 많은 기획사들은 이러한 상황을 염두에 두고 아이돌 가수 데뷔를 준비한다. 하지만 인터뷰 과정에서 만난 연습생들이 속한 기획사에는 체계적인 연습 지도 방식이 부재하는 듯했다. 기획사는 오디션을 통해 아이돌 연습생을 선발하고 계약을 맺지만, 대부분 춤 연습과 몸무게 관리에 집중했다.

인터뷰에 응한 연습생들은 모두 기획사에서 뭔가 특별한 연습 지도를 받길 원하고 있었다. 아이돌 가수를 데뷔시키기까지 기획사가 지불하는 비용이 5억에서 10억까지 된다는 내용*의 기사에서도 알 수 있듯이, 아이돌 연습생을 데뷔시키는 데에는 많은 노력과 시간을 투자해야 한다. 하지만 인터뷰 대상자들을 통해 연습생 생활을 들여다보니, 연습용 지침이 부재했을 뿐만 아니라 희망 고문을 전제로 한 착취가 빈번했다.

— 청소는 당연하게 생각하는 것 같아요. 왜냐하면 너희가

* "TF기획-아이돌 분쟁①, 최초 계약 기간 7년 … 그룹 키우는 데 얼마나 들까?", 더팩트, 2017.02.11.

연습하는 곳인데, 누가 해주냐는 식이니까요. 그래서 거의 저희가 날마다 청소기 돌리고 대걸레로 닦고 손걸레로 닦고 컵 닦고 청소를 했어요. 주변에 물어보니까 청소시킨다는 데가 반이 있고, 안 시키는 데가 반이 있대요.(C)

연습생들은 오랜 시간을 기획사에서 보낸다. 그런데 문제는 그 시간 동안 명확한 교육 프로그램 없이 스스로 연습을 하는 시간이 반복된다는 점이다. 기획사는 연습생들에게 개인 보컬과 춤, 단체 보컬과 춤 등의 과제를 던져 주지만, 대부분 혼자 연습을 하거나 연습생들끼리 서바이벌을 준비하는 과정이 반복되고 있었다. 연습 이후의 시간은 연습실 청소를 시키거나 대놓고 외모를 평가하며 다이어트가 왜 필요한지에 대해 설명하고 있었다. 또한 몸무게를 정해 놓고 다이어트를 강요하고, 매일 통화 목록이나 메시지 등을 검사하면서 항상 긴장 상태를 유지하도록 연습생들을 압박하고 감시했다. 그에 대한 불만도 많았는데, 인터뷰 대상자 중 중소 기획사 소속 연습생들은 대형 기획사 연습생이 자신과는 뭔가 다를 거라고 답하기도 했다. 대중매체에 노출되는 연습생 생활이 대부분 대형 기획사 소속 연습생들의 모습이기 때문에 그렇게 추측하는 듯했다.

— 아이돌 연습생을 운동선수에 비유해서 이야기할 때가 많거든요. 운동선수도 생명력이 짧잖아요. 20대에 생명이 끝나는

경우가 많고, 올림픽에 나가려면 굉장히 어릴 때부터 극한의 연습 과정을 견디잖아요. 종목은 다르지만 아이돌 가수들도 일종의 운동선수 같은 과정을 밟고 있다고 생각해요. 그래서 스포츠 업계에서 일어나는 갖은 논란이나 부당한 대우 같은 게 아이돌 연습생에게 거의 그대로 적용되는 경우가 많을 거라고 생각하고요.(H)

전문가들은 아이돌 연습생들이 부당한 대우를 받아도 쉽게 하소연하기 어려울 것이라 말했다. 또한 문제적 상황에 놓여도 이를 외부에 고발하거나 부모에게 알리기는 쉽지 않을 것으로 진단했다.

— 사장님이 저에 대한 집착도 있고, 사생활 침해도 있고, 선을 넘으려는 게 너무 많아서 힘들어요. 제 개인 생활이 없어서 힘들기도 하고요. 그래도 저는 무조건 말을 들어야 하는 입장이기 때문에 불편한 점을 사장님에게 말하기가 쉽지 않아요.(A)

— 매번 살 빼라고도 하고, 화장하지 말라고도 하고, 기획사 담당자가 저한테만 요구하는 거예요. 그래서 화장 안 했어요. (그랬더니) 왜 이렇게 안 꾸미고 다니냐고 또 저한테 뭐라 하는 거예요. (웃음) 옷도 편하게 입고 오라고 해서 편하게 입었더니 왜 그렇게 입고 오냐고 하고요. 사장님이 말할 때 웃으면 웃

지 말라고 하고, 안 웃으면 왜 표정 관리 그렇게 하냐고 하고요. 그러니까 저는 속으로 '왜 그러는 걸까?', '내가 뭘 하든 계속 그러겠다', '대체 대표님은 나를 왜 뽑았을까' 생각하면서 너무 속이 상하는 거예요.(C)

실제로 연습생들은 기획사와 아이돌 데뷔 과정의 문제점이 무엇인지, 관계자들에 대한 불만이 무엇인지 등에 대해 명확하게 인지했다. 그럼에도 불구하고 아이돌 가수로 데뷔할 수 있다면, 그리고 이를 위하여 체계적 교육만 받을 수 있다면 지금 겪는 모든 어려움을 감내할 준비가 되어 있다고 대답했다. 문제가 있다고 해서 기획사를 떠날 수 있는 상황이 아니기 때문이다. 다른 기획사로 옮긴다고 해도 오디션을 통과하기 쉽지 않고 스무 살이 되기 전에 데뷔를 해야 한다는 압박감이 있기 때문에 하루라도 빨리 지금 소속된 기획사에서 데뷔하기를 원했다. 다른 모험을 하기도 두렵고 힘든 시간을 또다시 반복하기도 원하지 않았다. 기획사를 옮긴다는 것은 큰 부담인 데다 계약으로 기획사와 연결되어 있기 때문에 복잡한 상황을 피하고 싶어 했다. 큰 변화 없이 최대한 빨리 문제가 해결되기를 원하기 때문에 대부분 참고 견디는 방식을 선택했다.

하지만 그렇게 생각하고 결정하는 가장 큰 이유는 폐쇄된 생활을 하기 때문일 것이다. 다른 기획사 소속 연습생들이 어떻게 연습 지도를 받고 생활하는지 구체적으로 알 수 없고, 자신의 문제를 상의할 대상이 없기 때문이다. 그러므로 불만이 많더라도 기획사가 요구하는 연습 방법을 따를 수밖에 없는 상황이었다.

4부

버거운 현실의 무게

1장

모든 것이 비용

대학 졸업 이후 취업이 보장되지 않고 경기 불황이 장기화되면서 청년 세대들은 자신의 상황을 자조적으로 읊조리기 시작했다. 스스로를 '잉여'라 지칭하기도 하고, 경제적 뒷받침이 되지 않는 가정에서 태어난 자신을 '흙수저 계급'이라 지칭하기도 했다. 한윤형·최태섭·김정근(2011)은 지금 사회에서 청년 세대에게 요구하는 '자기 관리'가 '열정'이라는 용어로 이동하였다고 설명한다. 따라서 청년 실업과 경제 불황이 사회구조적 문제가 아닌 '나'의 문제, 즉 '나'와의 싸움 문제로 이동했다는 것이다.

2007년 『88만원 세대』라는 책이 출간된 이후, 한국 사회는 구체적으로 청년 실업 문제와 청년 세대가 마주한 문제에 관심을 갖기 시작했다. 그 뒤 청년 실업에 대한 학문적·사회적 논의가 활발하게 이루어졌고, 비정규직 양산 문제, 청년 실업이 가져올 파장 등의 문제에도 관심을 갖게 되었다. 그러나 구체적인 대안이 부재하면서 오히려 더 치열하게 경쟁에 참여하거나 아니면 현실을 그대로 받아들이는 삼포 세대를 낳는 결과를 막지는 못했다.

20대가 경험하는 처절한 현실적 담론은 10대 지원자들이 중심이 되는 아이돌 연습생 준비 과정과 크게 다르지 않았다. 아이돌 가수로 데뷔하기 위해서 노래와 춤 등의 연습 지도를 받아야 하고, 경쟁자들보다 우위에 서기 위해서는 뛰어난 실력을 지니고 있어야 하는데 여기에는 경제적 뒷받침이 보장되어야 한다.

아이돌 가수를 꿈꾸는 10대들은 대부분 학원에서 관련 수업을 받는 것으로 준비를 시작한다. 학원비뿐만 아니라 학원형 기획사에 높은 등록금을 내야 하기 때문에 부모의 전폭적 지원이 없으면 경제적으로 어려움을 겪을 수밖에 없다. 따라서 아르바이트를 꼭 병행해야 한다. 특히 지방에서 서울로 올라온 연습생들은 다른 연습생들보다 큰 경제적 부담감을 안을 수밖에 없는데, 이러한 구조는 지방에서 올라와 서울에서 대학을 다니는 대학생들이 느끼는 부담감과 크게 다르지 않다.

— 부모님이 경제적으로 지원해 주시지 않아서 저는 오빠한

테 지원을 받고 있어요. 미래를 생각하면 다양한 분야를 배우고 준비해야 하거든요. 그래서 연기를 배워 보려고 학원비를 다 냈어요. 그리고 알바해서 교통비랑 식비를 내요. 사촌 언니에게 얹혀사니 생활비도 좀 줘야 하고요.(B)

— 보컬비 마련 때문에 고2 때부터 안 해본 알바가 없어요. 투잡도 뛰어 봤고요. 보컬 학원비가 30~40만 원 하는데 너무 비싸니까 알바를 해야 해요. '돈이 없는 게 죄야' 이러면서 알바하러 다녔어요. (웃음) 왜냐하면 알바를 그렇게 하고 주말에 알바를 해도, 한 달에 많이 받아 봤자 40만 원 정도였어요. 인생이 너무 암울하다고 생각했어요. 하지만 엄마한테 말도 못하고 혼자 고생했죠. 엄마도 어려우니까요.(C)

인터뷰 대상자 중 부모로부터 경제적 지원을 받기가 어려운 이들은 아르바이트를 계속 병행하고 있었다. 부모님의 도움을 받기 어려우면 종종 형제들로부터 도움을 받기도 했다. 하지만 형제들로부터 받는 경제적 지원은 한계가 있었다. 특히 대학을 다니는 형제가 있는 경우에는 대학 등록금이 학원비보다 먼저였다. 아이돌 연습생들의 데뷔 준비 과정은 대학 입시나 취업 준비 과정과 크게 다르지 않다. 치열한 경쟁을 뚫고 아이돌 가수로 데뷔하기 위해 연습생들도 노래, 춤, 연기, 악기 연주 등 다양한 스펙을 쌓기 위해 노력해야 했다.

— 빨리 회사가 잘돼서 숙소를 제공해 주면 좋겠는데 그게 안되나 봐요. 또 이제 언니가 결혼할 나이라 결혼하면 저 혼자 살아야 되는데, 그 부담감이 커요. 저희 집이 잘사는 게 아니니까 부모님께 도와 달라고 말하기도 어려워요. 경제적 부담감 때문에 지금 어떻게 해야 할지 모르겠어요.(B)

대형 기획사에 들어가기 위해서는 학원 수강과 오디션 준비 기간을 거쳐야 하고, 연습생이 되어서도 데뷔까지는 많은 시간이 소요된다. 데뷔 전에 노래, 춤, 랩 등 다양한 분야의 재능을 모두 섭렵해야 하기 때문이다. 이후 4~5년 정도 연습생 생활을 유지하기 위해서는 부모의 도움이 많이 필요하지만, 스무 살까지만 아이돌 데뷔 준비를 하라고 허락 받은 상태에서 경제적 도움을 요청하기는 쉽지 않다.

2015년 한국콘텐츠진흥원의 「한국 대중문화예술산업 실태 보고서」에 따르면, 국내의 연예 기획사 중 소속 연습생이 있는 곳은 18.2퍼센트이며, 이중 절반 이상이 연습생과 '계약서'를 따로 작성한다. 평균 계약 기간은 약 3년 5개월(41.3개월)이었고, 5년 이상 장기 연습생 계약을 맺는 경우도 41.4퍼센트로 가장 많았다. 연습생 계약 기간이 길수록 데뷔와 무관하게 소속사에 묶여 있어야 하는 기간이 늘어나는데, 이는 노예 계약의 주된 원인이 되고 있다. 연습생 중 28.9퍼센트가 미성년자라는 점도 주목해야 할 것이다.* 이렇게 오랜 기간 동안 소속사와 계약 관계에 놓이면서, 트레이닝 비용에 대한 문제도 여러 번 지적되었다. 아이돌 육성 시스템이 고도로 발전할수록 아이돌 육성에 소요되는 비용은 늘어날 수밖에 없기 때문이다. 예를 들어 아이돌을 교육하는 기간 외에도 콘셉트를 잡고 준비하는 데에만 최소 1~2년이 소요되며 음반 제작비, 의상 제작비, 마케팅 비용, 매니저 인건비 등도 고려해야 한다. 공정거래위원회는 아이돌 그룹 하나를 만드는 데 드는 비용을 대략 10억 원 내외로 추산했다.** 데뷔를 준비하는 팀은 한 해 평균 약 300팀이며, 그 가운데 데뷔 기회를 얻는 팀은 50여 개 팀으로 압축된다. 신인 아이돌 그룹 가운데 얼굴을 알려 인지도를 쌓을 수 있는 팀은 한 해 평균 한두 팀에 불과하다.

기획사들은 아이돌 그룹 한 팀을 안정적으로 제작해 앨범 하나를 만드는 데 드는 비용을 약 20억 원이라고 밝혔다. 여기에는 연습생 시절 들어간 사전 투자 비용이 포함된다. 각 기획사가 연습생에게 투자하는 기간은 평균 6개월에서 1년 정도다. 이 기간 동안 기획사는 연습생들과 계약을 맺는다. 계약 기간이 지나면 연습생들은 재계약과 방출의 기로에 놓이게 된다. 연습생 계약서는 기본적으로 기획사를 위한 안전장치라는 데 대다수 관계자들이 동의하고 있다. 즉 연습생들은 회사의 지원과 투

* "'아이돌의 그늘' 연습생 … 기약 없는 노예 계약에 방치", 중앙일보, 2016.10.12.

** "연예 기획사 노예 계약서 드러나", 아주경제, 2010.12.23.

자로 데뷔를 위한 트레이닝을 받는다. 그러나 개인의 변심으로 이탈하는 사례, 다른 회사로 옮기는 사례 등이 빈번하기 때문에 최소한의 장치를 마련한 것이다.* 이번에 만난 인터뷰 대상자들도 모두 기획사와 계약을 맺은 후에 연습생 생활을 시작했다.

— 연습생 오디션을 통과하면 계약을 하는데요, 보통 6개월 계약을 해요. 처음에 그렇게 계약했고, 한두 달 전에 아예 2년 계약을 했어요. 그런데 2년 계약은 회사를 위한 계약이에요. 다른 회사로 가지 못하게 하는 거죠. 그리고 그 2년 동안의 트레이닝 비용은 나중에 갚아야 돼요.(D)

데뷔한 아이돌 가수들의 '정산'은 이미 잘 알려져 있는 사실이다. 정산이란 가수로 활동하면서 벌어들인 수익에서 연습생 시절 들어간 비용을 제외하고 회사와의 계약 조건에 따라 수익을 분배하는 것이다. 하지만 이런 정산은 크게 성공해야 순조롭게 이루어질 수 있다. 연습생 시절 트레이닝 비용은 데뷔 후에 출연료, 음원, 행사 등의 수입을 통해 정산이 이루어지는데, 수입이 없다면 빚은 탕감되지 않기 때문이다. 이러한 구조는 아이돌 연습생들이 늦은 시간까지 연습하고, 데뷔를 앞당기기 위

* "16퍼센트 향한 20억의 베팅.. 아이돌의 탄생은 전쟁이다", 헤럴드경제, 2016.08.08.

해 열심히 노력하는 중요한 이유가 된다. 데뷔를 준비하는 기간의 열정적 노력은 자신의 꿈을 실현하기 위한 것인 동시에, 연습생 시절 기획사가 지불한 트레이닝 비용을 되갚기 위한 것이기도 하다.

— 회사가 연습생한테 썼던 비용은 나중에 연습생들에게 빚으로 돌아와요. 그러니까 데뷔해서 4~5년 동안은 아이돌한테 떨어지는 건 없다고 봐야 해요. 근데 그 정도도 못하면, 행사 나가서 노출을 해야 할 수도 있어요. 그러면 돈도 많이 받는다고 해요.(A)

연습생들도 기획사의 연습 지도 과정에서 발생하는 비용을 정산 구조로 해결한다는 사실을 잘 알고 있었다. 그래서 연습생들은 기획사가 지불하는 트레이닝 비용, 합숙 생활에 들어가는 비용 등에 부담을 느꼈다. 따라서 기획사에 불만이 있거나 문제가 있더라도 받아들이고, 학교와 기획사 생활을 병행하는 것이 힘들지라도 늦은 시간까지 열심히 연습하는지도 모른다. 하지만 아이돌 가수로 성공해도 연습생 생활에서 발생한 비용과 데뷔 이후의 활동 비용을 수익에서 정산해야 하므로 손익분기점을 넘기기 전까진 수입이 없는 셈이다. 이 지점이 바로 기획사가 갓 데뷔한 아이돌에게 과도한 스케줄을 요구하는 이유를 알 수 있는 대목이기도 하다.

2장

대학생보다는 차라리 연습생

또래 친구들과 다른 길을 선택한 아이돌 연습생들이 자신의 진로에 대해 상의할 수 있는 사람은 기획사 관계자가 유일했다. 연습생들의 부모는 자녀의 연습생 생활을 지원하고 지지하더라도 대부분 잠깐의 일탈이나 새로운 경험, 스펙 등으로 생각했다. 그래서 대부분 연습생 생활과 별도로 자녀에게 대학을 졸업할 것을 요구했다. 하지만 연습생들은 대학 진학에 집중하고 시간을 투자하기보다 하루 빨리 가수로 데뷔하는 것이 더 효율적이라고 생각했다. 대학 진학은 아이돌 가수 데뷔에 큰 도움이 되지 않는다고 생각했다.

— 돈이 너무 많이 들기도 하고, 대학에 다니는 게 그냥 시간 낭비인 것 같았어요. 배우는 건 많겠지만, 학교 과제에 얽매어서 내가 하고 싶은 것을 못할 것 같아요. 지금 생각해 보면 잘한 것 같아요. 대학 간 친구들 보면 다 스트레스 받더라고요. 과제만 해야 되니까. 배워야 할 것도 분명 있지만, 안 배워도 될 것들을 계속 가르쳐 주니까 시간 낭비, 등록금 낭비라고 생각한대요. 제가 생각한 건 아니고, 대학 다니는 친구들이 차라리 등록금 낼 비용으로 학원을 다니는 게 훨씬 낫다고 해요.(B)

— 대학 등록금 말고 연극영화과 준비하는 학원에서 배우는 비용이 70만 원인가 80만 원인 거예요. "맞춤형으로 가르쳐 주니까 너는 연습만 많이 하면 될 것 같다"라고 이미 상담도 받았어요. 그런데 돈이 너무 비싼 거예요.(C)

— 저는 차라리 이 길로 성공하는 게 더 빠를 거라고 생각하는데 엄마는 그래도 대학을 가야 한다고 해요.(D)

하지만 아이돌 가수들의 짧은 생명력을 고려해 연기 전공으로 대학을 가는 것이 장기적으로 연예계 활동에 도움이 될 수 있다고 인터뷰 대상자들에게 말해 주었다. 하지만 연극영화과를 지원하기 위해서는 그에 맞는 입시 학원을 다녀야 하는데, 그마저도 비용이 적지 않게 들기 때문에 연습생들은 대학 진학을 선택하기 어려워했다. 결국 대학에 진학하려면 가수 데뷔가 늦어질 뿐 아니라 고등학교 교육 시스템에 다시 적응해야 하고 경제적 비용까지 고려해야 하기에 연습생들에게는 또 다른 고민거리일 수밖에 없었다.

— 데뷔를 못하는 경우는 두 가지인 것 같아요. 기획사가 망하거나 진짜 실력이 없어서 개인이 방출되거나. 근데 기획사가 망하거나 기획사에서 연습생을 자르면 빚이 없어져서 고마운 거죠. 금전적으로 손해를 본다고 할 수 없죠. 하지만 다시 생각해 보면 손해 보는 셈이에요. 여태까지 연습해 온 세월이 있는데, 그 시간을 다 버리는 거니까요.(A)

인터뷰 대상자들은 대부분 중학교 시절부터 오디션 준비를 시작했다. 그리고 필요한 학원을 다니기 위해 아르바이트를 했다. 하지만 연습생이 되면 아르바이트 할 시간이 없기 때문에 경제적 부담은 더 커진다. 또한 언제 데뷔할지 모르는 생활 속에서 트레이닝 비용을 생각하면 부담이 커 스트레스를 받는다고 답했다. 신생 기획사는 소속 연습생에 대한 체계적 지원을 할 수 없는 상황인 데다, 경제적 수익을 내지 못하면서 문을 닫는 경우도 많았다. 그런 경우 정산의 문제는 해결되지만, 연습생 기간 동안 열심히 노력한 것에 대해 아무런 보상을 받지 못한 채 또다시 오디션 기회를 찾아봐야 한다는 상황에 좌절하는 경우가 많았다.

인터뷰 대상자 중 신생 기획사에서 연습생 생활을 했던 연습생은 “데뷔 전 소속사와 계약이 해지되어 계약금과 트레이닝 비용을 지불하지 않아도 된다는 점은 좋지만 고등학교를 졸업할 나이라 다른 기획사 오디션을 준비하기에는 나이가 걸림돌이 된다”라고 답했다. 아울러 부모도 이제는 연습생 생활과 오디션 준비를 끝내길 요구하는 상황이라고 했다. 하지만 본인은 “10대 시절 모든 것을 투자했던 아이돌 데뷔 준비를 지금 그만두기에는 미련이 많이 남는다”라고 덧붙였다.

5부

어른들은 왜 그러죠?

1장

관리라는 이름의 '통제'

인터뷰를 진행하면서 기획사 안에서 연습생들이 어떻게 지내는지 궁금했다. 학교가 아닌 공간, 연예 기획사에서의 구체적인 생활에 대해 질문하자 인터뷰 대상자들은 CCTV 얘기를 공통적으로 했다. 대부분 연습실에 CCTV가 설치되어 있다는 것이다. 뿐만 아니라 기획사 관계자들은 연습생들의 휴대전화를 관리했다. 휴대전화를 보관만 하는 것이 아니라 통화 목록이나 메신저 내용 등을 검사한다고 답했다.* 기획사 관계자들이 연

* 연습생들은 '검사'라고 얘기했지만, 사실상 '감시'가 더 맞는 표현일 것이다.

습생들의 체력 훈련 과정에서 가장 중요하게 보는 것은 몸무게였다. 구체적인 연습 과정에서는 춤이나 노래 테스트를 통해 연습생 멤버들 간의 경쟁 관계를 유지하며 긴장감을 유발했다.

— 합숙 생활 할 때 집에도 못 가고 휴대전화도 사용하지 못했어요. 식사도 기획사에서 주는 것만 먹어야 돼요. 집에 가면 엄마가 뭐라도 해 주는데 (숙소에서는) 주는 것만 먹어야 하죠. 나오라 할 때 나가고, 운동하라 할 때 운동하고, 연습실에서 딴짓하면 혼나고. CCTV가 계속 감시하고 있으니까, 어딜 가든 다 지켜보고 있으니까…. 연습실에 다 CCTV가 있어요.(A)

— 저희는 CCTV는 아니고 휴대전화 켜면 볼 수 있는 캠 같은 게 있었어요. 그걸로 저희를 지켜보셨어요. 보고 있는지 안 보고 있는지 모르니까 저희가 '아, 이제 좀 쉬어도 되나?' 하고 풀어지면 갑자기 "너네 뭐 하냐?" 소리가 들려요. 그럼 다시 연습해야 되고.(B)

— 회사 들어갈 때는 후드티를 입고 모자를 눌러쓰고 정해진 입구로 들어가요. 사실 굉장히 폐쇄적이고 답답해요. 밥도 계속 시켜 먹어야 되고요. 그리고 회사마다 작곡가 방에 CCTV가 있어요. 그걸 그렇게 힘들어했는데, 그게 익숙한 사람들은 독립해서 회사를 차리면 CCTV를 다시 설치하더라고요.(F)

인터뷰를 진행하면서 기획사 관계자들과 아이돌 연습생들의 관계는 일로 맺어진 관계라고만 규정하기 힘들어 보였다. 기획사는 필요 이상으로 연습생들의 사생활을 감시했다. 기획사 관계자들과 함께 지내는 공간에서는 휴대전화를 소지하지 않는 것이 원칙이었다. 사실 이러한 상황은 심각한 인권 침해라고 볼 수 있다. 기획사 관계자들이나 연습생 스스로도 이러한 부분을 부당하다고 생각은 하지만 관례적으로 해야 하는 것으로 인지했다. 이미 신문이나 TV 시사 프로그램을 통해 관련 문제는 종종 보도되어 왔지만 전혀 개선되지 않았다. 여전히 휴대전화 소지를 금지하고 문자메시지를 감시하는 방식으로 소속사 연습생과 연예인을 관리했다.

지난 2011년 공정거래위원회가 이미 '대중문화예술인 표준전속계약서'에 청소년 연예인에 대한 학습권, 인격권 등 기본권을 보호하는 조항을 신설하는 등 한때 인권 침해 해소를 위한 움직임이 있었다. 그러나 현재 많은 기획사들은 한류 열풍을 이끄는 아이돌 가수를 양성하는 데에만 집중하면서 소속 연예인에 대한 심각한 인권 침해를 문제가 아닌 성공 비결이나 노력으로 탈바꿈시키고 있다. TV 토크쇼에 출연한 아이돌 가수들은 과거 연습생 시절의 고생담을 통해 문제적 상황을 고백하지만, 스튜디오에서 이를 듣는 많은 패널과 사회자는 이를 성공한 아이돌의 후일담으로 포장한다. 어쩌면 성인들조차 이러한 사태를 문제라고 전혀 인지하지 못하는 상황까지 온 것은 아닌지 심각하게 고민해야 한다. 성공을 위해 과정의 문제는 간과되는 일이 반복되면서 청소년의 인권 침해 상황이 마치 '한국 아이돌 스타 양성의 비결'로 비춰질지도 모른다.

한류 열풍의 주역인 아이돌 가수들은 연습생 시절부터 기획사의 통제를 받고 있다. 특히 미성년자가 많은 아이돌을 한 숙소에서 지내게 하는 단체 생활이 그 시작이라고 할 수 있다. 가수 현아는 한 예능 프로그램에서 "초등학생 때부터 숙소 생활을 했다"*고 고백했다. 이처럼 유명 아이돌 가수들은 모두 숙소 생활에서 활동을 시작한다.**

— 저희는 페이스북이나 인스타그램 같은 걸 하면 안 되거든요. 사진도 못 찍고, 연락처도 공유하면 안 되고, 연습생 생활할 때 그런 게 힘들어요. 최근에 휴대전화 검사해서 번호 다 지우라고 그러는 거예요. 그런데 저희 입장에서는 기획사 테스트 전에 서로 의견 맞추고 얘기할 게 있는데 연락처를 지우면 다음날 몇 시까지 보자 이런 것도 못 정하니까, 서로 소통할 방법이 없는 거예요.(D)

---

* "'냉부해' 현아 "숙소 생활은 초등학교 때 시작… 혼자 산 지 2년", 뉴스1, 2016.03.14.

** 아이돌 가수들은 데뷔 이후 토크쇼에 출연해 기획사 연습생 시절에 겪었던 고충을 털어놓는다. "숙소에 먹을 것이 없어 힘들었다"는 그룹 지오디(god)의 고백은 잘 알려진 이야기다. 하지만 이러한 고백 등이 유명 아이돌의 과거 에피소드로 탈바꿈되면서, 기획사 주도의 숙소 생활이 문제가 아니라 데뷔 전 겪어야 하는 통과의례라고 대중에게 인식될 수도 있다는 점이 우려스럽다.

— 회사에서 연습 시작할 때 휴대전화를 걷고, 끝날 때 돌려주고 이런 식으로 해요.(A)

아이돌 연습생들은 아이돌 가수들보다 계약 내용이 조금 느슨한 편이었다. 체계적 트레이닝 지원을 위해서는 비용을 고려해야 하는데, 그런 비용 부담을 줄이기 위해서인지 계약 기간은 명확했지만 연습생에 대한 기획사의 지원 방식은 계약 과정에서 구두로 설명했다. 그러나 구두로 설명한 계약 내용은 실제 연습 과정에서 이행되지 않았다. 이는 연습생들이 기획사와 계약을 깨고 나가는 중요한 이유이기도 했다.

스무 살 이후, 즉 고등학교를 졸업한 이후에는 아이돌 데뷔가 어렵다. 기획사 관계자들이나 연습생 지원자들도 모두 공감하는 부분이다. 막연하게 기획사의 지원만을 기다릴 수 없는 상황이기 때문이기도 하다.

기획사 연습생 생활에서 나타나는 또 다른 문제는 합숙 생활이다. 기획사는 연습생들에게 숙소를 제공하는 대신 연습생들을 24시간 통제하려고 했다. 하지만 숙소 생활을 하지 않고 출퇴근하는 연습생들은 현실적으로 24시간 감시가 어렵기 때문에, 휴대전화를 검사하는 것으로 통제했다. 따라서 기획사 관계자들은 연습생들끼리 메시지를 주고받는 것도 금지하고 사진, 문자메시지, 통화 기록 등 모든 것을 살펴봤다. 특히 연습생들끼리 기획사에 대해 얘기하는 것을 극도로 꺼려했다. 자신들에 대한 불리한 내용이 외부로 유출되는 것을 막기 위함이었다.

— 사진도 보고 문자도 보고 엄마랑 통화한 내역까지 다 봐요. 저랑 엄마랑 얘기한 거를 왜 볼까요? 사장님이 저희한테 명령하듯이 "휴대폰 갖고 와" 그래요. 그러니까 문자 주고받은 내용을 지워요. 솔직히 우리도 사람인지라 불만이 있으면 뒤에서 사장님 욕하고 그러잖아요. 그래서 지우기도 하고, 남자 친구랑 대화한 것도 싹 다 지워요. 이런 것까지 신경 쓰느라 정말 피곤했어요.(A)

— 제가 들은 얘기인데 스마트폰은 데뷔하고도 많이 유명해진 다음에야 준대요. 데뷔 준비 단계에 있는 연습생은 피처폰이나 2G폰을 쓰게 하더라고요. 그래서 음악도 MP3 플레이어를 따로 가지고 다니더라고요.(A)

아이돌 연습생들은 기획사에서 휴대전화를 걷어서 검사하는 행위에 대해 불만이 있었지만, 성공적으로 가수 데뷔를 하면 이러한 통제나 감시에서 벗어날 수 있기 때문에 그때까지는 참을 수 있다고 답했다. 아이돌 가수로 데뷔만 가능하다면 말이다. 그리고 데뷔 후에는 성공 단계에 따라 휴대전화 소유 여부와 기종이 결정된다고 이야기했다. 아이돌 가수로 데뷔해도 크게 성공해야만 그에 합당한 자유가 주어진다고 생각하는 듯했다. 기획사의 휴대전화 감시나 CCTV 등의 설치 문제 역시 불쾌하지만 참고 받아들여야 하는 것이라고 답했다.

— 확실히 요즘 연습생들은 이쪽 업계의 생리를 어느 정도 알고 이해하는 경우가 많아요. 그런 걸 감당할 만한 가치가 있다고 생각하고요. 그래서 오히려 심리적인 면에서 예전에 데뷔한 친구들보다 조금 더 안정적일 수 있겠다 싶어요. 전혀 예상하지 못했던 일을 겪는 것과 어느 정도 예상한 일을 겪는 것은 다르잖아요. 그리고 감당하기 힘든 연습이나 금지 사항들이 많아요. 이를테면 연애 같은 것들요. 이런 것도 스스로 자조하면서 "아이돌은 연애하지 않습니다"라고 이야기해요. 예전에 비해 그런 부분에 있어서는 자기 안에 합의나 그런 게 있는 것 같아요. 물론 부자연스럽죠. 정상적인 과정은 아니니까요.(H)

대중문화 산업 관계자들은 감시나 통제 등의 문제가 심각하다고 느끼지만, 이미 합의된 문제라고 생각하고 있었다. 아이돌 연습생, 아이돌 가수, 그리고 기획사 관계자 모두 성공적 데뷔와 활동을 위한 통과의례라고 생각하는 부분은 분명 문제이다. 이를 개선되어야 할 문제가 아니라 '통과의례'로 받아들인다는 점은 아이돌 업계의 독특한 문화라고 볼 수 있다. 대부분 기획사가 계약 이후 연습생들의 사생활을 감시하는 것을 '감시'가 아닌 기획사의 '관리'라고 인식하고 있었다.

— 어차피 이성 친구는 오래 못 만나니까 그럴 바에는 헤어지는 게 나아요. 연습생 때 한 번 남자 친구가 있었어요. 그런데 여유 시간이 없으니까 잘 못 만나요. 만나도 한 달에 한두 번 밖에 못 만나니까 저는 항상 미안했죠. 한 가지를 하려면, 다른 한 가지를 포기해야 돼요. 그래야지 내가 원하는 걸 얻지, 둘 다 가져가려 하면 다 흐지부지 되더라고요.(C)

이 연구에 참여한 아이돌 연습생들은 대부분 여성이었는데, 연습생 시절 사귀는 이성 친구의 존재를 두 가지 방식으로 설명했다. 이성 친구가 있다고 밝히는 연습생의 경우 남자 친구의 존재가 기획사 생활을 힘들게 하기보다 오히려 든든하게 생각된다고 했다. 기획사 관계자들과의 불편한 관계나 위험한 제안을 거절하는 데 힘이 된다는 것이다. 반면 이성 친구를 사귀는 것은 가수 데뷔에 방해가 된다고 생각하는 연습생들도 있었다. 이들은 아마도 이성 친구를 사귀면서 연습생 생활을 유지하는 것이 어렵기 때문에 현실적으로 선택한 것이라고 짐작할 수 있다. 휴대전화 사용, 인스타그램이나 페이스북, 카카오톡 등 대중적으로 사용하는 SNS 사용 금지 등이 기획사의 지침이기도 했고, 스스로도 데뷔 이후의 생활을 고려했을 때 이성 친구를 사귀지 않는 편이 더 낫다고 판단하는 듯했다. 하지만 기획사의 요구처럼 SNS를 사용하지 못하는 생활은 실제로 또래 친구와의 관계 유지도 어렵게 만들었다. 이들은 이성 친구와의 관계

뿐 아니라 또래 친구들과의 관계도 유지하기 어려운 상황에 놓여 있지만, 아이돌 데뷔를 위해서 받아들여야 하는 관리 지침으로 인식하고 있었다.

2장

늘 정답은 멋진 외모

아이돌 가수들에게 아름다운 몸은 자신의 가치를 내세울 수 있는 중요한 자본이다. 아이돌 가수들은 대중이 선망하는 외모의 소유자이며, 무대 위에서 멋진 집단 군무를 보여 주는 대상이다. 대중이 쉽게 다다를 수 없는 능력을 지닌 대상이 바로 아이돌 가수다.

대중은 아이돌 가수들이 아름다운 외모를 유지하는 방법에 대해 관심이 많다. 이를 반영한 미디어 콘텐츠나 신문 기사도 많이 생산되는데, 아이돌 가수들의 식단이나 운동 관련 정보를 알려 주는 식이다. 인터넷에서 '아이돌 다이어트 식단'을 검색해 보면 관련 정보를 쉽게 찾을 수 있고, 그들의 다이어트는

강도가 높기로 유명하다. 아이돌 가수들은 자신이 원하지 않는 모습조차 대중에게 노출될 수 있다. 잠깐 외출하면서도 대중의 시선을 의식해야 한다. 결국 이러한 이유로 아름다운 몸을 유지해야 하는 것은 아이돌의 숙명이 되었다.*

미디어 노출 방식을 인지하고 있는 아이돌 연습생들은 몸매를 위해 다이어트를 해야 한다는 생각에 큰 스트레스를 받고 있었다. 기획사 관계자 역시 연습생들에게 몸매 관리가 매우 중요하다고 강조했다. 이뿐만 아니라 성형이 필요하다는 지적도 일상적으로 이루어지고 있었다.

— 너무 다이어트를 강조해서 스트레스 받아요. 영상을 보면 아이돌 남자 가수들도 엄청 말랐어요. 여자보다 다리도 가늘고요. 회사에서 관계자 분들이 저보고 "남자들보다 더 뚱뚱하다"고 하니 어떻게 다이어트를 멈춰요. 그리고 여자 연예인 사진 보고 남기는 댓글도 너무 잔인해요. "쟤 완전 돼지임", "겁나 뚱뚱하네", "살이나 빼라", 이런 식이에요. 그런 댓글을 보면 저도

* 일례로 지상파 3사 모두 음악 프로그램을 제작하고 있으며, 이 프로그램에는 아이돌 가수들이 대거 출연한다. 프로그램에 대한 팬들의 관심도 높고, 방청객들도 아이돌 가수들의 팬이 대부분이다. 언론은 이러한 기회를 놓치지 않고 조회 수를 높이기 위해 아이돌 가수들의 당일 스케줄을 밀착 취재한다. 음악 프로그램 녹화가 있는 날 아침이면 '아침 출근길'이라는 제목으로 녹화에 참여하기 위해 방송국으로 들어가는 아이돌 가수들의 모습을 담은 기사가 인터넷에 뜬다.

열심히 다이어트 해야겠다고 생각해요.(A)

인터뷰 대상자들은 먹는 것에 모두 예민했다. 식사 시간에 인터뷰가 진행될 경우에는 주문한 음식의 재료를 물어보기도 했고, 카페에서 만나도 음료를 아예 주문하지 않는 경우도 있었다. 인터뷰 대상자들은 대체적으로 마른 체형이었다. 하지만 모두 자신이 말랐다고 생각하지 않았다. 기획사가 제시하는 기준에 못 미친다고 생각했다. 다시 말해 관리가 필요하다고 받아들였다. 그러면서도 기획사 관계자들이 몸무게를 관리하는 것 때문에 스트레스가 많다고 답했다.

— 몸무게 관리는 기본이라고 보시면 돼요. 먹고 토하는 사람들이 되게 많아요. 먹는 건 참지 못하겠고 먹으면 살찌니까 먹고 토하고 먹고 토하고 그래요.(A)

— 월요일과 금요일마다 몸무게를 재거든요. 매일 헬스를 하는데 헬스 선생님께서 목표 몸무게를 정해 주세요. 그걸 못 빼오면 헬스 관리를 못 받는 거예요. 그래서 언니들은 밥을 그냥 안 먹어요. 진짜 대단한 것 같아요. 1일 1식 하면서 달리기도 세 시간씩 뛰고.(D)

최근에는 아이돌 가수들의 건강 악화를 걱정하는 신문 기사를 많이 볼 수 있다. 실제로 무대 위에서 쓰러지거나 스트레스

로 인한 심적 고통을 호소하는 아이돌 가수가 많기 때문이다. 2016년 5월, 걸그룹 '에이프릴' 멤버 현주는 건강 악화로 팀 활동을 중단했다. 호흡 장애와 두통 때문에 방송하기 어렵다는 것이 기획사의 공식 의견이었다. 결국 그해 10월 현주는 팀을 탈퇴했다. 2016년 8월에 걸그룹 '오마이걸' 멤버 진이는 거식증으로 활동을 중단했다. 공황 장애로 그룹 활동을 중단하는 아이돌 보이그룹 멤버도 늘어나고 있다.*

아이돌 가수로 데뷔해 활동하고 있는 가수들은 모두 연습생 시절을 당연히 거쳤을 것이다. 중·고등학교 시절부터 시작된 몸무게 관리와 개인 신상 관리는 데뷔 이후에도 이어졌고, 변화 없는 생활에 대중의 관심까지 커지면서 건강에 이상이 생길 정도로 심적 부담감과 고민이 커졌다고 짐작할 수 있다.

— 회사에서는 저에게 살 빼라고 맨날 그랬어요. 그래서 다이어트 한약을 먹었는데, 그것 때문에 부작용 난 적도 있어요.(C)

— 저랑 같이 연습생 생활하는 언니 중에 약간 통통한 언니가 있거든요. 그 언니한테 "무조건 49킬로그램까지 빼야 한다" 그래요. 언니 키가 163센티미터예요. 또 키가 167~170센티미터인 다른 연습생도 있거든요. 그런 애들도 목표를 50킬로그램 미만으로 정해 줘요. 키에 상관없이 모두 50킬로그램 미만이

* "아이돌, 아프고 또 아팠다", 스타투데이, 2016.12.16.

되라는 거예요. 그런데 사실 살 빼기 너무 힘들잖아요. 그래서 우선 자기 몸무게에서 한 2킬로그램 감량해 오라고 일주일마다 숙제를 줘죠.(D)

인터뷰 대상자들은 신체적인 특징과 상관없이 키에 맞는 몸무게가 정해져 있다고 했다. 체계적인 트레이닝 프로그램을 수행하는 것보다 외모를 관리하는 것에 더 신경을 써야 한다는 큰 부담을 가지고 있었다. 그리고 무엇보다 연습생들은 기획사에서 정해 준 몸무게를 유지하고 관리하는 데 정신적으로나 신체적으로 많은 에너지를 소모하고 있었다.

3장

경쟁을 다그치는 어른들

현대사회에서 '경쟁'이라는 상황에서 벗어나 자유롭게 생활하는 사람은 드물 것이다. 연습생들이 한류 열풍의 주역인 아이돌 가수가 되기 위해서도 거쳐야 하는 경쟁이 치열하다. 지원자에 비해 데뷔하는 가수의 수가 매우 적기 때문이다.* 어쩌면 성장과 성공만을 보고 달리는 우리 사회의 모습이 10대 중심의 연습생과 아이돌 가수들의 생활에 고스란히 나타난다고 볼 수 있다. 아이돌 연습생들은 연습생 기간 동안 쌓이는 비용을 고려하면 빨리 데뷔하는 데 집중해야 한다. 그래서 사생활 침해, 성형수술 제안, 몸무게 지적과 다이어트의 강요 등의 문제를 그냥 참고 견뎌야 하는 것으로 넘길 수밖에 없다. 여기서

한 가지 더 우려되는 점은 연습생들이 모두 10대 미성년자이기 때문에 기획사 관계자들의 제안에 명확하게 자신의 의견을 전달하기가 쉽지 않다는 점이다.

— 2년 동안 연습생 생활을 하다가 회사에서 나가라고 하면 돈을 안 내도 되는데, 제가 먼저 나가겠다고 하면 무조건 그동안 교육받은 비용을 내야 돼요.(D)

— 평가는 2주나 한 달에 한 번씩 노래랑 춤, 둘 다 해요. 조를 나눠서 안무를 짜기도 하고요. 기획사 내부에서 서바이벌 식으로 열 명 중에 대여섯 명을 뽑아요. 그러면서 "언제든 멤버

---

* 아이돌 데뷔 과정을 보여 주는 TV 속 서바이벌 프로그램에서도 긴장감과 압박감을 그대로 보여 준다. 〈식스틴〉, 〈윈: 후 이즈 넥스트〉, 〈프로듀스 101〉 시즌1, 2, 그리고 〈믹스나인〉 등 아이돌 가수의 데뷔 과정을 다룬 프로그램이 꾸준히 제작되고 있다. 서바이벌 오디션 프로그램은 경쟁 과정이 주는 긴장감과 재미가 있는 데다 예비 아이돌 가수들의 성장 과정을 보면서 내가 그들의 데뷔를 결정한다는 책임감과 긴장감을 경험할 수 있기 때문에 시청자들의 관심을 꾸준히 받고 있다. 특히 아이돌 가수들의 데뷔 전 모습을 볼 수 있다는 점도 흥행 요인이다. 하지만 서바이벌 프로그램을 통과해 가수로 데뷔해도 끝난 것은 아니다. 실제로 활동하고 있는 아이돌 가수이지만 다른 서바이벌 프로그램에 출연하는 사례가 최근 많이 늘어났다. 실제로 YG 소속 아이돌 연습생들의 경쟁 과정을 그린 서바이벌 프로그램 〈윈: 후 이즈 넥스트〉의 출연자인 바비는 이미 그룹 '아이콘' 멤버로 데뷔했지만, 〈쇼미더머니 시즌3〉에 지원자로 출연했다. 서바이벌 프로그램에서 최종 우승을 거머쥐는 것뿐만 아니라 그 후에도 여러 가지 능력을 갖춰야만 살아남을 수 있는 사회의 경쟁 구조가 대중매체 속 아이돌 가수들의 생활을 통해서 그대로 드러나고 있다. 〈언프리티랩스타〉 역시 '씨스타'의 효린이나 '포미닛'의 전지윤, '브라운아이드걸스'의 제아도 출연한 전례가 있다. 랩과 랩퍼가 큰 인기를 끌면서 보컬 중심의 팀에 속해 있던 아이돌 가수들이 새로운 영역의 서바이벌 프로그램에 도전하는 것이다.

가 교체될 수 있다", "안심하지 마라"고 해요.(C)

데뷔에 대한 열망은 연습생들이나 관계자들이나 크게 다르지 않을 것이다. 아이돌 가수의 국내 데뷔 성공과 이를 발판으로 이루어지는 해외 진출을 통해 기획사는 투자 회수와 더불어 큰 경제적 이익을 얻을 수 있기 때문이다. 또한 대형 기획사가 아니면 기획사 운영비조차 마련하기 쉽지 않은 구조에서 기획사 관계자들도 큰 기대를 걸고 연습생을 키운다. 가장 효과적이고 빠른 수익 창출을 위해서 언제든지 데뷔 가능한 연습생을 확보하는 일은 중요하다. 하지만 기획사들의 이러한 경쟁 전략이 연습생들에게 혹독한 자기 관리 요구로 이어진다는 점은 문제라고 할 수 있다.

— 그분들은 어쩔 수 없다고 항상 그래요. 만약 못생겼는데 데뷔하고 싶으면 정말 노래를 잘해야 된다고요. 아이돌은 노래도 춤도 다 무난하게 잘하잖아요. 그러니까 얼굴에 비중을 많이 두는 거라고 그래요.(B)

기획사 관계자들은 데뷔에 성공한 사례들을 성공 모델로 생각할 수밖에 없다. 대형 기획사, 신생 기획사 모두 비슷한 전략을 구사한다. 엠넷에서 보여 주는 서바이벌 프로그램은 출연자들의 감정, 일상생활이 그대로 노출되는 리얼리티 쇼의 형식을 따른다.* 아이돌 가수의 노예 계약 문제나 혹독한 스케줄 등을 팬클럽에서 비판하기도 하지만, 아이돌 가수로 성공하면 여러 잘못이나 문제들이 가려진다.

— 아이돌 가수들이 많이 아픈데 왜 그런지 이해가 돼요. 춤도 엄청 힘들게 시키고 그러니까요. 우리 회사 연습생의 절반은 과호흡이 있어요. 춤도 엄청 세게 추는데 숨을 참고 하니까요. 과호흡이 생기면 진짜 곧 죽을 사람처럼 보이는데 그냥 비닐 같은 거 입에 대고는 그걸 응급조치라고 해요.(D)

연습생들은 연습 과정에서 건강 문제가 발생해도 스스로 해결하거나 참고 넘어가는 경우가 많았다. 2016년 아이돌 가수들의 살인적 스케줄과 그로 인한 건강 문제 등으로 아이돌 시스템 문제를 고발하는 기사가 많았는데, 이것은 특별히 유명 아이돌만의 문제가 아니라 아이돌 시스템 전반의 상황이 그랬다. 연습생들은 기획사 관계자들로부터 데뷔한 아이돌과 같은 실력

* 리얼리티 쇼는 방송 출연자들이 경쟁과 탈락, 승리를 통해 느끼는 심리적 압박 혹은 슬픔과 기쁨을 고스란히 전달한다. 이를 지켜보는 시청자나 대중들은 출연자들에 대한 공감, 연민 그리고 감동을 느끼게 된다. 오디션 과정에서 드러나는 인격 비하적 언어 표현이나 노골적인 외모 지적 등의 방식, 연습 이전에 시작되는 언어폭력 등의 문제에 대해 전문가들이 꾸준히 비판하고 있지만, 아이돌 연습생과 아이돌 가수들의 고통스런 자기 관리 상황들은 암묵적으로 묵인되고 있는 게 현실이다.

을 갖춰야 한다는 말을 반복적으로 듣는다. 연습생들도 그것을 이루기 위해 몸에 무리가 갈 정도로 연습을 하게 된다. 기획사 관계자들은 연습생들에게 외모, 노래, 춤 등 전반적으로 뛰어난 실력을 갖추고 유지할 것을 요구하면서도 체력적으로 무리가 가는 연습량에 대해서는 어느 누구도 지적하거나 제재하지 않는다. 그래서인지 연습생의 건강 이상이나 부상 등은 일반적으로 겪는 일인 듯했다.

6부

그럼에도
내 꿈은 아이돌

1장

그래도 아이돌을 꿈꾸는 10대들

아이돌 그룹은 한국을 대표하는 연예인이지만, 기획사에 고용된 노동자이자 문화예술 활동가이기도 하다. 따라서 아이돌 그룹의 활동 영역 중 많은 부분이 문화예술 산업과 연관되어 있다고 볼 수 있다(박성모, 2015). 그럼에도 불구하고 아이돌 그룹은 계약 내용에서 벗어나는 기획사의 요구를 거절할 수 없다. 아이돌 연습생은 더욱 어렵다. 기획사가 주도하는 연습 지도 방법, 과도한 연습 스케줄 그리고 학교생활의 부재 등은 개선되어야 할 문제지만, 계약 관계에 놓여 있는 연습생들은 이러한 구조를 거부하거나 고발하기 어렵다. 늦은 시간까지 이어지는 연습, 연습생들 간의 경쟁, 그리고 이를 부추기는 기획사의 태도 등은 연습생들의 정서적 신체적 상황을 더욱 악화시키고 있다고 볼 수 있다.

— 제가 좋아해서 하는 일이잖아요. 제가 좋아서 이걸 직업으로 삼고, 어쨌든 이걸로 돈을 벌겠다는 건데, 요새 들어서는 너무 압박감이 심해서 노래할 때 즐겁지 않아요. 가끔 '내가 여기서 뭐하고 있지?', '그냥 회사에 취직할까?' 이런 생각을 하기도 해요. 기획사에 들어오기 전에는 이러지 않았어요. 아무리 오디션에 떨어져도 다음을 기대하며 연습실에서 나오지 않았어요. 서너 시간 노래 부르고, 두세 시간 춤추고, 밥도 거르면서 했어요. 그런데 기획사에 들어가 보니까 실체를 알게 되잖아요. 제가 계약한 기획사가 안 좋은 기획사라서 그럴 수도 있어요. 저는 회사를 믿고 간 건데 회사는 제대로 연습 지도를 해주지 않으니까 마음을 다잡으려고 해도 자꾸 '이렇게까지 힘들게 살면서 해야 되나?' 하는 생각이 들어요.(B)

— 회사 사람들도 제가 너무 집에만 있거나 회사에만 있어서 놀라거든요. 회사 사람들이 "좀 놀아라" 하고 시간을 주면 저는 그냥 집에서 쉬고 싶고 딱히 나가고 싶지 않아요. 그래서 지금 더 마음이 힘든 것 같아요. 스트레스를 풀지 못하고, 놀아도 회사 사람들하고만 놀고, 그러다 보니 불안하고요. 마음이 막 복잡하고 힘들어요.(D)

이르면 초등학교나 중학교 시절부터 시작되는 연습생 생활은 대인 관계의 부재, 부모와의 대화 단절 그리고 잦은 멤버 변화 등으로 불안한 생활이 지속된다. 기획사 내부에서는 연습생으로서 느끼는 불안감이나 스트레스를 해결하기 어렵다. 인터뷰를 하면서 느낀 점은 인터뷰 대상자들이 너무 위축되어 있다는 것이다. 음식을 먹는 것, 누군가를 만나는 것, 자신의 이야기를 하는 것 등 여러 면에서 맘 편하게 스스로를 드러내지 못하고 있었다.

— 아이돌이 되고 싶다는 마음은 아마도 성공한 친구들에 대한 선망에서부터 시작되었을 거예요. 처음부터 "너는 아이돌 해" 그래서 하는 애들도 있겠지만 대부분은 큰 무대에서 춤추고 많은 사랑을 받는 등 화려한 부분만 보고 아이돌이 되고 싶다는 마음을 갖지요. 학교 축제나 지역 축제에서 실제로 무대에 서 보면 더 매력을 느끼지요. 그런 생활의 기쁨도 느끼고요. 이런 과정에서 아이돌을 꿈꾸기 시작하지만 현실은 너무 힘들어요.(G)

전문가들도 언급하듯이 아이돌 시스템이 지닌 문제점은 개선되지 않고 있다. 하지만 아이돌이 되고 싶은 10대들은 자신의 꿈을 바꾸기 쉽지 않다. '내'가 노래를 잘하고 춤을 잘 추는 것은 명확한 '사실'이기 때문이다. 그래서 연습생이 아이돌 가수 데뷔에 실패하면 소속된 기획사의 지원 미비 때문에 실패했다고 받아들이고 또다시 다른 기획사를 찾아간다. 10대들은 실패, 즉 연습생으로서 자신의 불투명한 미래를 기획사의 지원 부족으로 생각한다. 그래서 다른 조건을 제시하는 기획사를 찾아 오디션을 보고 데뷔를 준비한다. 아이돌 가수를 꿈꾸는 마음을 바꾸지 않는 것이다. 하지만 현실적으로, 조건이 좋은 기획사를 찾기는 쉽지 않을 뿐더러 부모의 기대와 관심 그리고 자신이 스스로 선택한 길에 대한 책임 등으로 심적 부담감은 점점 커지게 된다.

이러한 현실과 함께 아이돌 연습생들을 위해 논의해야 하는 주제 중 하나는 기획사의 교육 방법이다.* 아이돌 가수로 데뷔할 수 있다는 믿음만으로 10대 시절을 보내는 연습생들은 아이돌 데뷔라는 성공만 생각할 뿐 데뷔 실패가 주는 좌절감에 대처할 방법을 배우지 못했다. 그럼에도 불구하고 아이돌 연습생들이 아이돌 가수 준비를 포기할 수 없는 이유는 성공 사례가 대중매체에 지속적으로 노출되기 때문이다. 또한 많은 인터뷰를 통해 아이돌 가수들이 데뷔 전의 경제적 어려움, 심적·신체적 한계와 고통 등을 반복적으로 언급하고 있고, 기획사 관

* 물론 모든 기획사가 이러한 문제를 갖고 있다고 일반화할 수는 없다. 인터뷰 대상자에 포함되지 않았지만 체계적인 지도를 받고 있는 연습생도 분명 있을 수 있다. 그러나 많은 리얼리티 쇼, 기사 인터뷰, 다큐멘터리 등을 고려했을 때 기획사의 잘못된 연습 시스템은 폭넓게 확산되어 있다고 말할 수 있다.

계자들도 그러한 사례를 들어 연습생들에게 혹독한 연습량을 요구하기 때문에 기획사의 연습 지도 방법은 쉽게 변하지 않을 것이다.

시간 활용 방식과 거주 공간 등의 문제도 연습생 생활에서 논의되어야 할 중요한 문제다. 인터뷰 과정에서 언급되었지만, 연예인의 사생활 관리는 대중의 인기를 얻는 데 중요한 근거가 된다. 따라서 아이돌 연습생들도 기획사의 요구를 수용할 수밖에 없다. 대중매체는 아이돌 가수의 화려하고 친근한 모습도 다루면서 그들의 언행, 표정, 연애 문제 등 대중이 원하는 기준에서 벗어난 조금의 실수도 용납하지 않는다. 실수는 '사건'이 되고, 기획사나 아이돌 가수가 잘 대응*하지 못하면 엄청난 비난을 감내해야 한다. 이러한 사례들이 반복되면서 아이돌 가수, 연습생들에게 사생활 관리는 노래와 춤을 익히는 것만큼 중요한 것이 되었다. 하지만 문제는 자율적 시간 활용이 불가능해지면서 기획사 관계자들과 연습생이 함께 지내는 시간은 더욱 늘어난다는 점이다. 기획사 안에서 활동하거나 기획사 관계자가 동행해야만 외부 활동이 가능해지면서, 연습생들은 기획사에 대한 의존도가 커질 수밖에 없고 부당한 기획사의 요구 등에도 거부하거나 거절하기 어려운 상황이 된다.

---

* 대응은 대부분 자신의 잘못을 깊이 사과하고 반성하는 모습을 의미한다.

— 아이돌 양성 시스템을 잘못되게 만드는 가장 중심에 대중매체가 있어요. 말 한마디만 잘못해도 세상에서 제일 잘못한 듯 보도하고요. 제일 만만하니까 비판하는 거죠. 이 산업 자체를 가볍고 진지하지 못하게 만들고 있는 요인은 오히려 외부적인 요인이 많은 것 같아요. 내부에서 직접적으로 활동하고 있는 친구들은 순수한 의도로 잘하고 싶어 하는 경우가 되게 많아요. 정확한 목표를 가지고 자신의 삶의 방향성을 가지고 직업인으로서 내 일을 잘하고 싶어 하는 아이들이 많다고 봐요. 그리고 데뷔하는 것 자체가 너무 어려운 일이라는 건 모두가 알고 있기 때문에 더더욱 이를 악무는 경우들도 많은 것 같고요. 오히려 변하지 않는 건 언론이나 제작사이에요. 어른들이 변하지 않아서 생기는 괴리에서 좌절하고 힘들어하는 친구들도 많지 않을까 싶어요.(H)

전문가들 역시 이러한 상황을 우려하고 있었다. 아이돌 가수를 준비하는 연습생들은 자신의 꿈만 바라보고 모든 것을 걸고 준비하지만, 기획사의 교육 시스템이나 관리 시스템이 연습생들의 생각과 상황을 따라오지 못한다고 답했다. 데뷔가 어려워지면서 아이돌을 준비하는 연습생들은 더욱 혹독하게 자신을 몰아붙이며 준비를 하지만 그런 노력의 결과에 좌절하는 연습생들이 너무 많다는 것이다.

2장

문화 자본으로서 아이돌과 대중문화 시스템의 변화

2000년부터 디지털 음원 시장이 구축되면서 기획사들이 음원만으로는 수익을 얻기 어려운 구조가 되었다. 기획사가 아이돌 가수를 상품으로 키워 내는 비용에 비해 음원으로 벌어들일 수 있는 수입이 점차 불확실해졌기 때문이다. 따라서 불확실성이 높은 엔터테인먼트 시장에서 기획사는 단기간에 최대한 이익을 얻으려는 전략에 집중하기 시작했다. 그 결과 일본의 엔터테인먼트 산업에서 차용된 원소스 멀티 유즈One Source Multi Use: OSMU 방식 및 창구 효과를 극대화하고, 연예인과의 친밀성 및 관련 상품을 판매하는 파급 상품spin-off products 수익 모델을 적용하기 시작했다.

수익 모델이 다변화되고 아이돌 가수의 성격이 종합 엔터테이너로 변화함에 따라 음반과 음원뿐 아니라 다양한 형태의 파급 상품을 적극적으로 소비해 줄 수 있는 팬덤은 기획사에게 매우 중요한 요소로 등장했다. 존 피스크John Fiske는 문화 자본으로서 팬덤의 성격을 논하면서 팬 문화가 문화 산업의 상업적 이익에 연관이 있다고 설명한다. 팬들은 "파급 상품을 대량으로 구매해 주는 부가적 시장일 뿐만 아니라 시장의 유행과 선호도를 파악할 수 있도록 가치 있는 피드백을 무료로 제공하는 존재"라는 것이다(Fiske, 1992).

2000년대 중반에 등장한 그룹 원더걸스와 빅뱅의 성공은 10대 중심의 팬층이 다양한 연령층으로 확장시키는 계기를 제공했다. H.O.T, 젝스키스, SES, NRG 등 초반 아이돌 1세대 그룹의 팬들은 성인이 되어서도 열정적 팬덤 활동을 하고 있는 것으로 알려졌다. 최근 NRG, 젝스키스 등이 다시 활동을 할 수 있었던 동력은 바로 팬들이 건재하기 때문이다. 또한 현재 왕성하게 활동하는 아이돌 그룹 역시 폭넓은 팬덤을 지니고 있다. 따라서 기획사는 아이돌 가수뿐만 아니라 팬들도 관리의 중요한 대상으로 인지하기 시작했다.

— 이제 아이돌 팬들의 분위기가 '자기가 좋아하는 가수가 얼마나 대단한지 각종 수치와 자료를 바탕으로 치열하게 입증해야 하는 쪽'으로 흐르고 있어요. 또 아이돌 연습생을 대상으

로 하는 리얼리티 프로그램을 넘어, 아예 데뷔 여부를 결정할 수 있도록 팬들의 관여도를 높여서, 데뷔 전부터 아주 충성스러운 팬들을 길러 내는 움직임이 나타나고 있어요. 이제 아이돌은 고유명사가 됐고, 친근하면서도 먼 존재이고, 온갖 잡음에서 무결해야만 욕먹지 않는, 빈틈을 보이면 안 되는 위치가 되었다고 생각해요.(I)

아이돌 가수를 좋아하고 관심을 표현하는 연령층이 확장되면서, 팬덤의 활동과 아이돌에 대한 관심을 표현하는 방식도 변화했다. 팬덤은 특정한 인물이나 분야를 열정적으로 좋아하는 사람들이나 그러한 문화 현상을 일컫는 말이다. 헨리 젠킨스Henry Jenkins는 특히 대중문화의 수용자들이 갖는 능동성을 긍정적으로 보며, 팬덤 문화를 연구하기도 했다. 능동적 성향의 팬들이 연예인들이 만든 스타일과 취향을 자신들의 선택과 기호에 맞게 재가공하여 상대적으로 자유롭고 자발적인 문화 형식을 창출한다는 것이다(이동연, 2001). 즉 팬덤은 연예인과의 관계 속에서만 규정되는 것이 아니라 연예인을 매개로 다양한 문화 실천을 해나간다.

전문가들 역시 최근 아이돌 팬덤의 위치가 중요해졌다고 진단했다. 요즘 아이돌 팬들은 아이돌 가수들의 스케줄을 무리하게 따라다니던 '빠순이'의 모습이 아니다. 오히려 SNS를 활용해 기획사에 적극적으로 의견을 제안하고 있다. 무리한 스케줄을 잡는 기획사를 비판하기도 하고, 아이돌 연습생의 데뷔를 결정짓는 데에도 큰 역할을 한다.

— 어쨌든 우리나라 음악계에서는 보통 국내 팬 중심으로 소비되고 있었어요. 케이팝이라는 게 여태 없었던 사례라고 볼 수 있죠. 세계적으로 주목을 받고 있으니까요. 계속 재미있고 새로운 컨텐츠가 많이 나오고 있는데 그 기반이 건강하지 않다는 게 항상 너무 아쉬어요. 그래도 데뷔한 친구들은 많이 나아졌어요. 예를 들면 동방신기 사건 이후 법적으로 표준계약서도 7년으로 정해지고, SNS가 발달하면서 불합리한 것에 대해서도 피드백이 워낙 빠르게 이루어지고 있고요. 기획사들도 팬이나 대중의 눈치를 좀 보고요. 비인간적인 행위를 하는 것에 대해 눈치를 본다는 거죠.(H)

이와 함께 최근 들어 아이돌 기획사들은 대중에게 홍보하는 창구로 유튜브 전용 채널을 운영하는 등 SNS를 적극적으로 이용한다. 인터넷 동영상 사이트에서 상위권에 오르는 것도 적극적인 팬덤의 역할이 그 기반이 되고 있다. 문화적 변방에 있던 한국의 아이돌이 인터넷상에서 국제적으로 주목을 받게 된 데는 열성적인 국내 팬들의 적극적이고 지속적인 활동도 중요한 역할을 했다고 할 수 있다(김호영·윤태진, 2012).

3장

아이돌 연습생과 부모의 딜레마

아이돌 가수를 원하는 것은 당사자인 10대들만의 이야기가 아니다. 미성년자인 청소년들이 오디션을 준비하기 위해서는 부모의 동의가 필요하기 때문이다. 이와 함께 성인이 되기 전까지 부모의 도움은 필수적이다. 학교 수업과 학원·기획사 생활을 동시에 진행해야 하므로 부모가 여러 면에서 뒷받침해 주어야 오디션 준비가 가능하다. 그리고 오디션 준비에 앞서 노래나 춤을 배울 수 있는 학원에 다녀야 하기 때문에 경제적 지원이 필요하다.

물론 아이돌 연습생 전체를 일반화할 수는 없으나, 부모에게 아이돌이 되겠다는 자녀를 지원하는 일은 대학 입시만큼이나 중요하다. 미성년자인 자녀의 미래를 결정하는 일이기 때문이다. 학교와 학원 생활을 병행하는 자녀를 돌보면서 자녀가 어떤 기획사와 계약할지를 결정해야 한다. 자녀 입장에서는 부모를 설득해 대학 입시가 아닌 아이돌 가수 데뷔를 준비하겠다고 선언한 것에 책임져야 하므로 자신이 겪고 있는 정서적, 신체적 어려움을 부모에게 솔직하게 털어놓기가 어렵다.

— 기획사와 2년 계약할 때, 부모님도 심각하게 생각하시는 거예요. 그런데 다른 데서 오디션을 봤으면 더 좋은 회사를 갈 수도 있었을 거란 생각도 해요. 지금 회사에서만 오디션을 보고 연습생 생활을 시작했으니까요. 그래서 계약할 때 엄마가 "지금 이 회사와 계약하는 게 맞는 걸까?"라며 한동안 심각하게 고민하셨어요.(D)

— 계약 과정에 문제가 생겨서 계약서 찢으러 회사에 갈 때 엄마랑 같이 갔었어요. 그때 엄마도 엄청 화가 나서 "따질 건 따지고 나와야지" 하셨어요. 그런데 대표님을 네 시간이나 기다렸어요.(C)

— 그때는 부모님도 그렇고 저도 그렇고 처음이니까 무작정 한 것 같아요. 알아보지도 않고 '진짜 성공할 수 있겠다' 이런 생각으로만요. 좋은 생각만 갖고 있어서 계약을 할 수 있었던 것 같아요.(A)

인터뷰를 통해 아이돌 가수를 준비하는 지원자뿐만 아니라 부모 역시 자녀의 진로에 대해 고민이 많다는 것을 알 수 있었다. 대학 입학이 아닌 아이돌 가수를 꿈꾸는 자녀를 온전히 밀어주기에는 경제적으로 부담이 될 뿐만 아니라 그것이 대학 입시를 포기할 만큼 가치 있는 일인지 확신하기 어렵기 때문이다. 부모가 생각했을 때 자녀의 10대 시절은 미래를 결정하는 중요한 시기다. 하지만 아이돌 가수를 준비하겠다는 자녀들의 결심을 무조건 꺾을 수 없는 것이 부모의 입장이다.

— 집이 지방에 있어 부모님께서 방학 때만 서울에 보내 주셨어요. 제가 계속 가수가 되겠다고 서울 가고 싶다고 했거든요. 반항하고 공부도 안 하고 그러다가 지역 대회에서 상을 받고 좋은 결과가 나오니까 부모님도 조금씩 인정을 해주셨어요. 나중에는 제 요구를 반대만 할 수 없다고 생각하셨나 봐요. 그래서 "그럼 가수 준비해라" 하고 허락해 주셨죠. 그래도 아직 적극적으로 지원해 주지는 않아요. 경제적으로 여유가 없으니까요. 그래서 오빠한테 지원을 받고 있어요. 그것만으로는 생활이 어려우니까 아르바이트를 거의 매일 해야 해요.(B)

— 아빠가 대학교 가는 걸 보고 싶다고 하셔서 실용무용으로 교육원 같은 대학에 갔어요. 그런데 다니다 보니 솔직히 안 다니는 게 나을 거 같아 고민이 되더라고요. 그 돈을 아이돌 가수 준비하는 데 쓰는 게 낫겠다 싶더라고요.(C)

결국 아이돌 가수 데뷔를 준비하려면 학원 시스템에 대한 이해, 상업적 전선에 놓여 있는 기획사와의 계약 진행 등 법률적 계약을 직접적으로 맺고 계약 이후의 상황을 함께 고려해야 한다. 하지만 기획사 계약과 데뷔 과정은 관련 정보가 많이 노출되어 있지 않기 때문에 가족의 큰 결심과 결정이 필요하다.

— 제가 가수가 되는 것을 부모님이 저보다 더 원했거든요. 그래서 제가 더 오디션에 지원하지 않은 것일 수 있어요. 오디션 볼 때 혼자 가고 싶은데, 자꾸 부모님이 같이 가세요. 같이 오디션 보러 갔는데 떨어지면 쪽팔리잖아요. 그래서 저는 첫 번째 오디션에 합격했을 때, 그냥 그 기획사랑 계약했어요. 다른 곳에 갔다가 떨어질까 두렵기도 했고요.(D)

연습생들은 10대에 법률적 계약을 하고 데뷔를 준비해야 한다. 부모 역시 기획사와의 계약은 처음 경험하는 일이기 때문에 시행착오를 겪을 수 있다. 자녀의 진로에 대한 고민이 깊어질 수밖에 없다. 여러 번의 시행착오를 겪고 나서야 기획사 구조나 관련자들의 특성을 깨닫는 사례가 많았다. 하지만 이미 그러한 상황을 이해한 후에는 아이돌 가수로 데뷔하기 어려운 나이가 된다.

전문가들은 아이돌 그룹으로 활동하고 있는 가수들이나 연습생들에게 '스무 살'을 다른 일을 시작하기에는 너무 늦은 나이라고 인식시키는 것도 문제라고 지적했다. 기획사 중심의 아이돌 시스템이 갖는 한계라고도 볼 수 있는데, 이런 인식 때문에 아이돌 가수 데뷔 가능성이 매우 낮은 상황에서도 다른 분야를 준비할 여유를 잃고 만다. 한마디로 기획사를 떠나게 될 상황을 미리 준비하지 못하게 된다. 너무 어린 시절부터 아이돌 가수 준비를 시작하면서 겪는 정서적 공허함에 대한 우려도 크다.

— 아이돌 학원 관련해서 상담했던 한 아이는 이제 갓 스물한 살인데 "아이돌이 되기에는 나이가 너무 많다"라는 이야기를 많이 들었대요. 사실 스물한 살은 뭔가 꿈꾸고 할 게 많은 나이잖아요. 그 아이 집이 대전인데, 집에서 서울에 오면 갈 곳이 학원밖에 없다는 거예요. 너무 막막하지만 대학교를 가거나 이쪽 방향으로 계속 가기 위해 정보를 찾아본 뒤에 다시 여길 와야 할 것 같다고 했어요.(G)

부모와 함께 학원을 찾아오는 10대 청소년들은 입시나 아이돌 오디션을 준비하는 경우가 많다. 10대가 아닌 성인도 찾아와 상담하는 경우가 있는데 뒤늦게라도 꿈을 이루고 싶어 찾아오는 사람들이 대부분이다.

— 자녀가 갑자기 "춤 배울래요", "노래 배울래요" 하면 놀라

는 게 부모님들의 반응이겠죠. 그래서 학원을 찾아오는 아이들에게 저는 항상 부모님을 모시고 오라고 해요. 같이 이야기를 해야 하거든요. 아이돌 가수를 준비하려면 부모님의 허락이든 협조든, 관심이 있어야 해요. 혼자서 하기에는 너무 힘들어요. 항상 제가 부모님에게 말하는 게 있어요. "기획사에 들어가지 못 한다고 해서 인생의 루저는 아니다"라고요. 무대에 서는 걸 좋아하고, 노래하는 걸 좋아하고, 연기하는 걸 좋아한다면 그걸 가지고 할 수 있는 일은 다양해요. 꼭 아이돌 가수가 아니더라도, 가르치는 사람도 있고, 아니면 공연을 기획하는 사람도 될 수 있는 거고요.(G)

부모의 입장에서 자녀가 갑자기 가수가 되겠다고 선언하면 당황할 수밖에 없다. 부모도 아이돌 오디션 준비에 무엇이 필요한지, 오디션 이후 생활이나 진로는 어떤지 정보를 많이 알지 못하기 때문이다. 그래서인지 오디션에 떨어지거나 혹은 통과해도 데뷔하지 못하는 상황을 너무 부정적으로 생각한다. 대중매체에서 데뷔를 포기한 사람들의 이야기는 잘 다루지 않기 때문에 불안감은 더 크다. 하지만 전문가들은 좀 더 넓게 생각할 필요가 있다고 대답했다. 자녀가 꿈을 펼치기 위해서는 부모의 의지와 시각이 매우 중요하다는 것이다. 그럼에도 불구하고 전문가들 역시 대부분의 기획사나 학원이 경제적 수익을 중시하며 아이돌 데뷔 중심의 교육에만 집중하는 것을 우려했다.

— 엠넷의 〈슈퍼스타 K〉나 SBS의 〈K팝 스타〉를 보면 노래를 못해서 떨어지는 게 아니거든요. 자기가 가지고 있는 스토리가 있느냐 없느냐, 스타성이 있느냐 없느냐 이거 가지고 평가해요. 노래 하나만 가지고 평가받는 시대는 지났어요.(G)

방송사에서 매년 진행하는 가수 오디션 프로그램만 봐도, 지원자들은 모두 뛰어난 실력을 지니고 있다. 결국 실력이 없어서 아이돌 오디션이나 데뷔가 어려운 것이 아니라는 것이다. 누구의 스토리가 방송에 더 적합한가에 따라 데뷔가 결정된다는 것이다. 큰 인기를 끌고 있는 듀오그룹 '볼빨간사춘기'는 〈슈퍼스타 K〉 시즌6에 출연했던 팀이다. 톱 10에 들지 못하고 탈락했지만, 이후 음반 활동을 계속했고, 현재 큰 인기를 끌고 있다. '볼빨간사춘기' 사례는 인기 오디션 프로그램에서의 '탈락'이 곧 '실력 없음'과 동의어가 아니라는 사실을 증명한다.

아이돌 오디션에 지원하는 10대들이 여전히 많다는 점을 고려할 때 기존의 성과 위주 교육 방식이나 학원과 기획사를 통한 데뷔 방식에 변화가 필요하다. 모두가 아이돌이 될 수는 없지만, 꿈을 꾸고 시도할 수 있는 기회를 제공받도록 그 방식부터 논의를 시작해야 한다. 또한 기획사의 교육 방식에 대한 문제도 공론화해야 할 것이다. 학습권 침해, 인권을 무시하는 발언과 연습 지도과정, 사생활 침해 등 산적해 있는 문제를 잘 풀어 나가기 위해 함께 고민하고 토론하는 과정이 필요하기 때문이다.

4장

포스트 아이돌을 위해 필요한 것

〈프로듀스 101〉을 통해 아이오아이 멤버가 된 전소미는 2017년 2월 중학교 졸업식에 참여했다. 2016년 〈프로듀스 101〉에서 혹독한 서바이벌을 견딜 당시 그는 겨우 중학생이었다. 그가 서바이벌 오디션에 참가한 것은 처음이 아니다. 이미 지난 2015년 제작된 서바이벌 프로그램 〈식스틴〉에서 탈락한 전례가 있다.

어린 나이에 오디션에 도전하는 것뿐 아니라 반복적으로 지원하는 것도 일반적인 사례가 되었다. 오디션에서 탈락해도 다음 해에 다시 같은 오디션에 지원하는 사례도 쉽게 찾아볼 수 있다. 그 이유는 단순하다. 아이돌이 되고 싶기 때문이다.

아이돌로 데뷔해도 끝이 아니다. 한 해에 데뷔하는 아이돌 가수는 셀 수 없이 많다. 그만큼 경쟁도 치열하기 때문에 방송을 통해 자신을 알리고 가수 데뷔의 기회를 얻으려고 노력하는 것이다.

— 아이돌을 꿈꿔서 기획사에 들어갔지만 데뷔를 못하는 아이들도 있어요. 또한 데뷔를 했음에도 성공을 못하는 아이들도 70~80퍼센트나 됩니다. 무조건 성공할 수 있는 건 아니니까요. 다만 저는 기획사가 연습생들을 키울 때, 사회적으로나 도덕적으로 책임이 있어야 한다고 생각해요. 나이 어린 친구들을 교육시킬 때 이 아이들이 나중에 사회에 데뷔한 후에도 넘어지지 않도록 정신적으로 교육시키고 법적으로도 보호를 해야 한다고 생각해요.(G)

전문가들은 기획사 시스템이 이제는 변해야 한다고 입을 모아 말했다. 하지만 엔터테인먼트 관계자들은 시청자들의 눈길을 끌고 인기를 얻을 데뷔 팀을 구성하기 위한 서바이벌 프로그램에 여전히 관심이 많다. 2014년 방송된 〈카라 프로젝트: 카라 더 비기닝〉(DSP미디어)부터 2015년 방영된 〈식스틴〉(JYP엔터테인먼트), 〈디오비: 댄스 오아 밴드d.o.b: Dance or Band〉(FNC엔터테인먼트), 〈펜타곤 메이커〉(큐브엔터테인먼트) 등은 소속사 내 연습생들 간의 서바이벌을 다룬 프로그램이다.

이렇게 직접 이름을 내건 경우는 데뷔 전 팬덤을 형성하려는 목적이 크다. 연습생에게도 팬이 생기는 추세이기 때문에 서바이벌에 참여한 멤버들은 탈락을 하든 데뷔를 하든 대중에게 먼저 얼굴을 알리고 팬을 끌어모을 수 있다는 장점이 있다. 게다가 그룹 홍보로까지 이어져, 데뷔할 때 좀 더 우월한 위치에서 시작할 수 있게 된다.

폭발적인 인기를 얻은 엠넷의 〈프로듀스 101〉 시즌1, 2는 각기 다른 소속사 연습생들이 모여 함께 경쟁한 프로그램이다. 각각의 소속사들이 같은 목표를 갖고 서바이벌 프로그램을 제작한 것이다. 이렇게 탄생한 아이돌은 한곳에 소속되어 있지 않기 때문에 프로젝트성 그룹이 되는 일이 많다.*

— 아이돌이라는 직업 자체가 저는 여러 면에서 극한 직업이라고 생각해요. 높은 완성도를 갖춘 무대를 만들기 위해서 연습량이 끔찍하게 많아요. 그리고 감정 노동이 심한 직업이기도 해요. 팬 사인회나 인터뷰 등 언제 어디서나 바른 모습, 밝은 모습을 보여 줘야 하니까요. 그 친구들이 힘들어하는 게 너무나 당연한 구조라고 생각해요.(H)

틴탑의 멤버 창조는 한 언론사와의 인터뷰에서 아이돌 활동

* "아이돌, 아프고 또 아팠다", 스타투데이, 2016.12.16.

을 하는 동안 정서적 어려움을 겪었다고 털어놓았다.

"조울증도 겪었다. 하나가 안 되면 모든 것이 안 되는 것처럼 느껴지고, 조금 혼나도 하루 종일 계속 혼난 기분이었다. 외모에 대한 열등감이 있어서 다이어트도 혹독하게 했다. 1일 1식을 하거나 밥 대신 샐러드를 먹었다. 연습생 시절부터 2015년까지 숙소에서 멤버들과 함께 지냈다. 자기 공간과 개인 시간을 갖고 싶어서 현재는 따로 사는 중이다. 그때는 3명이 같이 방도 쓰고 방 없이 거실에서 지내는 멤버도 있었다."*

연습생 시절 숙소 생활의 어려움, 연습 과정에서 들은 혹독한 질책, 다이어트 등 아이돌 가수들이 겪는 어려움은 대부분 비슷한 키워드로 정리할 수 있다. 다이어트와 몸무게 관리는 데뷔를 준비하는 10대 남자들도 겪는 문제다. 이렇게 힘들게 자신을 채찍질하며 앞만 보고 달려와 데뷔의 순간을 맞는다 해도 여전히 경쟁은 사라지지 않고 오히려 대중에게 모든 것이 노출되는 것이 일상이 된다.

— 지방 행사 여섯 개를 하루에 돈다든지 하는 그런 착취적인 구조나, 멤버들의 의견이 전혀 반영되지 않은 음악을 아무렇지도 않게 작업하는 문제는 많이 사라졌어요. 그래도 업계가 성장하고 주목받는 것에 비해 연습생을 대우하는 방식 등 내

* 작년까지 숙소 생활해, 거실서 지내는 멤버도 있었다", bntnews, 2016.11.16.

부적인 구조와 가치관은 발전 속도가 너무너무 더뎌요.(H)

아이돌 소속사들은 사생활을 이유로 소속사의 연습 지도 방법이나 계약 관계 등을 공개하지 않는다. 심지어 소속사 연습생들의 데뷔 과정도 방송사와 미리 계약한 전제에서만 공개한다. 결국 연습생들이 어떤 상황에서 숙소 생활을 하는지, 학교생활은 병행하는지, 연습 과정에서 겪는 문제는 어떤 게 있는지 밝힐 수가 없다. 대부분 아이돌 가수나 연습생 개인의 문제로 돌리면서 기획사의 책임은 회피한다.

대중문화 산업에서 활동하는 아이돌 그룹의 모든 노동은 기획사의 자본 축적에 기여한다. 아이돌은 공연 활동이나 음악을 위해 창조적 노동을 행하고, 이미지 창출을 위한 감정 노동을 행한다. 원용진·김지만은 '감정 노동emotional labor'이란 감정 작업의 능력을 특정한 목적으로 사용하도록 극대화하는 과정이라고 표현한다. 팬층에 의해 실질적 인지도가 결정되는 아이돌 그룹은 감정 노동이라는 특수한 과정이 연습생일 때 뿐 아니라 데뷔 후에도 지속된다고 말한다(원용진·김지만, 2012).

현재 우리나라 문화 자본의 근본적인 문제는 균형 있는 유통 체계가 존재하지 않고, 그 주변을 감싸는 제도적 환경 역시 투명하지 않다는 점이다. 투명하지 않은 아이돌 생활과 기획사의 계약 관계는 아이돌 문화, 아이돌 산업에서 균형 있는 유통 체계가 존재하지 않는다는 것을 보여 준다. 기획사는 경쟁을 통해 아이돌 그룹에게 계약된 노동량보다 더 많은 노동량을 제공받고 있기 때문이다.

— 이제 국가에서 정책적으로 제도 마련을 위해 노력해야 할 것 같아요. 10대 중심의 아이돌 연습생들이 검정고시든 뭐든 검증이 될 수 있는 걸 준비하지 않으면, 연습생 생활을 그만둘 경우 아무것도 남는 것이 없잖아요. 아이돌 개념이 등장한 지 20여 년이 됐어요. 이제 아이돌은 우리나라에서 떼려야 뗄 수 없는 콘텐츠예요. 아이돌을 키우는 단계에서부터 회사는 수익만 생각하지 말고 도덕적인 책임을 가지고 진행해야 한다고 생각해요. 이 아이들이 나중에 사회에 나갔을 때 스스로 인생을 헤쳐나갈 수 있는 그런 수업들을 준비해 줘야 한다는 생각이 들어요.(G)

— 대형 기획사라고 해서 굉장히 체계적이고, 중소 기획사라고 해서 엉망진창인 건 아니예요. 회사 규모랑 상관없이 사풍이나 대표의 의지에 따라서 조금씩 다른 것 같아요.(H)

고통을 참고 인내하는 것만이 능사가 아닌 시대가 되었다. 사회는 여전히 경쟁에서 살아남는 자만을 주목하지만, 경쟁 과정에서 실패한 구성원들을 감싸 안지 않는다면 소수만이 살아남는 기형적 사회가 될 수 있다. 연습생 지원자들은 모두 10대다. 이들이 일찍부터 사회생활을 하면서 경쟁 속에서 살아남아야 한다는 상황에만 몰린다면 건강한 20대를 맞이하기 어려울 것이다.

— 아이돌은 이렇게 해야 한다라고 요구하는 도덕률이나 청렴도가 거의 정치인 수준이에요. 일반인과 똑같은 일을 저질렀어도 원색적인 비난을 아이돌들한테 훨씬 더 많이 하죠. 이런 일들로 갑작스럽게 아이돌을 그만두게 될 경우에는 그 아이의 모든 것이 사라지는 상황까지 가는 것 같아요.(H)

— 굉장히 인기 많은 아이돌 가수들도 국가 행사에 동원되어서 여기저기 해외에 끌려다니는데, 연습생들은 말할 것도 없죠. 〈아이돌 육상대회〉도 보면 촬영 시간이 워낙 길어서 팬들도 다 돌아간 상태에서 아이돌 수백 명이 각자 소속사의 같은 성별끼리 모여 있어요. 너무 부자연스럽게 보이는데 이유는 있어요. 조금이라도 이성과 이야기하거나 친밀해 보이는 장면이 찍히기라도 하면 인터넷에 도배가 되고, 욕을 먹고, 이상한 소문이 돌고, 기사가 나니까요. 그런 걸 미연에 방지하기 위해서 더 폐쇄적으로 진행해요.(H)

MBC에서 매년 방송되는 〈아이돌 육상대회〉는 팬들 사이에서는 악명이 높다. 경기에 참여는 아이돌 가수들이 다치는 사례도 빈번하고, 방청객으로 앉아 있는 팬들의 귀가 시간 등을 전혀 배려하지 않고 진행하기 때문이다. 해마다 폐지론이 나오지만 팬들 입장에서는 인기 아이돌 가수들을 한번에 볼 수 있고, 아이돌 입장에서는 노래와 춤이 아닌 다른 방식으로 인기를 얻을 수 있기 때문에 기획사나 방송사 모두 포기할 수 없다.

이처럼 가수들의 음반 홍보나 그룹의 이미지 제고를 위해 출연하던 예능과 드라마가 이제 아이돌에게 또 다른 시장으로 부상하고 있다. 아이돌 제작사들은 포화 시장이 되어 버린 아이돌 음원 시장 대신 해외 판권을 염두하고 제작한 드라마와 예능 프로그램에 소속 가수들을 투입하기 시작했다. 아이돌 출연으로 화제를 모았던 〈우리 결혼했어요〉가 가장 대표적인 프로그램이다. 최근에는 아이돌 없는 드라마와 예능을 보기 힘들 정도로, 수많은 아이돌이 음원 시장이 아닌 예능과 드라마에서 보이지 않는 경쟁을 펼치고 있다. 〈프로듀스 101〉은 이러한 흐름에 다시 힘을 실어 주었다.

그러나 이러한 현상을 시청률과 화제성 중심으로만 평가할 수 없다. 10대 시절부터 시작된 혹독한 경쟁과 감시에 가까운 생활 때문에 결국 성인이 되어서 부작용이 나타날 수 있기 때문이다. 짧은 기간 활동하고 사라지는 수많은 아이돌 가수들의 삶을 지탱할 수 있는 방안이 다각도로 마련되어야 할 것이다.

— 최근 활동하면서 심리적인 고통을 호소하는 친구들이 많아지는 추세예요. 기획사에서 연습생이든 데뷔한 친구들이든 심리 상담 같은 것을 필수적으로 받게 해야 하지 않나 싶어요. 또한 중소 기획사는 바라지 않더라도 5대 기획사 정도는 기본적으로 정규교육에 준하는 학습 과정을 고려해야 하지 않나, 그런 생각도 해요. 너무 요원한 일인데 지금 만약 '연습생들에

게 노래랑 춤 말고 뭘 더 가르치면 좋을까?'라고 누가 물어본다면 저는 이 두 가지가 필수라고 말하고 싶어요.(H)

— 저는 자기한테 잘 맞는 선생님이 있거나 집에서 가깝거나 하는 연습 환경이 중요하다고 생각해요. "거리가 멀어도 그 선생님이 좋아서 가요", 그렇다면 거기 가서 배우면 좋죠. 어디든지 본인이 열심히 하거나 잘 맞는 환경, 연습할 수 있는 환경만 만들어 주면 된다고 생각해요.(G)

결국 문제 해결을 위해서는 아이돌 연습생과 아이돌을 키워내는 기획사의 노력이 중요하다. 따라서 기획사의 폐쇄적 교육 시스템뿐 아니라 10대들의 학습권 보장에 대한 논의가 이루어져야 할 것이다. 예를 들어 아이돌 활동 기간 중에도 스케줄이 없는 시간엔 학교를 다닐 수 있게 해야 한다. 연습생의 경우도 마찬가지다. 보이지 않는 경쟁 상대를 대상으로 시간 날 때마다 연습을 한다고 해서 데뷔할 수 있는 건 아니라는 것을 기획사 관계자들이 더욱 잘 알 것이다.

이제는 아이돌에 대해 질타와 비난을 반복하기보다 기획사의 체계적인 교육 시스템이 절실하다는 방향으로 논의가 바뀌어야 한다. 이러한 문제에 대해 대중적 담론이 형성되지 않는다면, 경쟁 중심의 기획사 교육 시스템은 바뀌지 않을 것이다. 자녀의 연습생 생활을 지원하는 부모의 입장에서는 대학과 아이돌 중 어떤 것을 선택하는 것이 더 올바른지 설명하기 더욱 어려워질 것이다. 오히려 연습생 생활을 원하는 자녀의 선택을 지지하는 쉬운 선택을 하게 될지도 모른다. 결국 기획사가 체계적인 교육 시스템을 정착시키기 위해서는 문화 산업 구조와 정책 지원이 함께 이루어져야 한다.

— 누가 저한테 아이돌이 되려면 어떻게 해야 되냐고 물으면, 저는 "그냥 하지 마. 왜 하려고 해?"라든지 "네가 진짜 노래 잘 부르고 춤 잘 추면 해"라고 할 거예요. 요즘 잘하는 사람들이 너무 많기도 하고, 왜 이런 연예계에 뛰어들려고 하는지 이해는 되지만 추천하고 싶지 않은 거죠. 이 세계가 꿈만 가지고 도전하기에는 너무 막연하고 힘들어요. 상상하는 것과는 정말 다른 세상이라는 걸 알려 주고 싶어요. "진짜 노래하고 싶고 춤추고 싶으면 도전은 하세요. 근데 기대는 하지 마세요"라고요. 노력할 만큼 해서 꿈을 이루면 좋겠지만, 데뷔를 하는 경우는 흔치 않아요. 그러니까 거의 가능하지 않다고 보면 돼요.(A)

아이돌 연습생뿐만 아니라 아이돌 가수도 주변 사람에게 이 직업을 추천하지 않겠다고 답한 인터뷰를 종종 발견할 수 있다.* 하지만 이런 아이돌의 진심 어린 고백은 대부분 예능 프로

* "'뭉쳐야 뜬다' 윤두준 '내 아들이 아이돌 한다면? 절대 안 시켜'", 뉴스1, 2017.02.01.

그램의 에피소드로 쉽게 묻혀 버린다.

코트라와 한국문화산업교류재단이 공동 발간한 「2015년 한류의 경제적 효과에 관한 연구 보고서」에 따르면 2016년, 한류로 인한 직간접적인 총 수출액(문화콘텐츠, 소비재, 관광 분야 합산)은 약 8조 원(70억 3,000만 달러)으로 추산됐다. 그중 문화 콘텐츠 상품 수출 효과는 약 3조 2,000억 원(28억 2,000만 달러)으로, 케이팝을 필두로 한 음악이 게임과 방송에 이어 세 번째로 많은 약 4,000억 원(3억 5,400만 달러)의 수출 효과를 거둔 것으로 나타났다.* 물론 한류문화로 우리나라의 문화가 해외에 많이 알려졌고, 다국적 팬덤이 형성된 점도 눈여겨볼 일이다. 그러나 경제적 가치로만 한류문화를 평가하고 바라보는 시각은 이제 달라져야 한다. 그 경제적 가치와 수익이 어떻게 얻어진 것인지, 또한 어떤 과정을 통해 누가 극한의 감정 노동을 하고 있는지 등의 논의가 수면 위로 올라와야 할 때가 되었다. 아울러 한류의 경제적 가치가 언제 어떻게 변화할지에 대한 준비도 필요하다.

아이돌 데뷔 경쟁이 심화될수록 차별성을 갖기 위해 노래와 춤, 외국어 등 다양한 '개인기'를 갖추는 훈련을 선택하는 방식은 최근 대학생들이 취업하기 위해 '스펙'을 쌓는 모습과 닮아

---

* "〈아이돌 20년〉 ② 앨범·공연 매출만 수백 억… 아이돌 경제 효과는?", 연합뉴스, 2016.09.04.

있다. 결국 아이돌 가수를 준비하는 연습생들의 일상생활은 우리 사회의 경제구조와도 밀접한 관련이 있다. 하지만 국내뿐 아니라 해외에서도 아이돌 가수가 되기 위해 연습생 생활을 자처하는 청소년들이 많다는 점에서 아이돌 양성 과정이 갖는 다양한 사회문화적 함의를 살펴보는 것은 중요하다.

아이돌 연습생들이 기획사와 계약 관계에서 불리한 상황에 놓여 발생하는 문제들은 한류 산업과 연예 기획사가 추구하는 수익 중심의 한류 산업 육성 문제에 그치지 않고, 청년과 청소년들이 마주한 성공신화의 특징과 맞닿아 있다. 힘들게 대학을 졸업했지만, 취업이 불가능해진 청년들은 스스로를 잉여 세대라고 부르며 좌절하고 있다. 아이돌 연습생들의 미래 역시 그렇게 되지 않으리라는 보장이 없다. 이미 아이돌이 되기 위해 노력하고 있는 청소년 중 극소수만이 아이돌 가수로 데뷔하게 되는데, 그러한 현실을 받아들일 수 있도록 실패에 대한 학습도 필요하다. 또한 정부 주도하에 한류를 국가 브랜드로 만들고 문화 육성에 집중하는 것과 동시에 안정적인 문화 생태계를 만들기 위한 노력이 그 어느 때보다 절실하다.

무대 위의 완벽한 공연만을 비추는 방송, 연습생 시절의 고통스런 과정을 고백하는 아이돌의 눈물을 성공담으로 다루는 대중매체에 빠져 있기보다 이제는 아이돌 가수가 되기 위해 몰두하는 10대들의 선택이 헛되지 않도록 양질의 문화 생산 시스템을 마련하기 위해 노력해야 할 것이다.

에필로그

'아이돌'은 한국의 대중문화에서 특별한 의미를 지닌다. 아이돌 가수들의 성장 과정을 지켜보는 것은 대중들에게 이미 삶의 일부분이 되었다. 프로그램 제작자들에게 아이돌은 시청자의 관심을 끌 수 있는 중요한 출연자이기 때문이다. 인기를 끄는 아이돌 가수 중 많은 수가 10대 청소년이다. 그런 의미에서 이제 10대들은 대중문화 콘텐츠를 생산하는 주체이자, 콘텐츠를 적극적으로 소비하는 소비자이다. 이 사실은 많은 TV 속 오디션 프로그램 지원자들을 통해서, 또한 기획사 연습생으로 생활하는 오디션 지원자들을 통해서 짐작할 수 있다. 그럼에도 불구하고 아이돌 음악 생산 주체인 기획사와 아이돌, 기획사와 아이돌 연습생들 간의 불공정 계약이나 연습 방식의 문제는 여전히 도마에 오르고 있다.

이제는 대중음악, 더 나아가 한류 가수라 불리는 10대들의 성공을 주목하기보다 그들이 어떤 과정을 통해 성공 대상으로 규정되는지, 지속적으로 신문과 방송을 통해 고발되는 문제는 왜 일어날 수밖에 없는지, 그리고 아이돌 가수 데뷔에 실패하는 10대들의 삶은 어떤지에 대해서도 고민해야 하는 시기가 되었다.

앞서 설명했듯이 아이돌 가수는 10대 시절, 즉 스스로 법적·제도적 필요성을 요구하기 어려운 시기에 사회 활동을 시작하기 때문에 인권 침해의 사각지대에 놓여 있다. 기획사는 아이돌 가수의 발굴과 데뷔를 통해 수익을 얻기 때문에 투자와 수익 중심의 운영 방식에 집중한다. 그러다 보니 그 과정에서 생기는 아이돌 연습생들의 학교생활 병행 문제와 개인 시간 부재라는 상황의 심각성에 대해서는 전혀 고민하지 않는다. 이러한 문제가 쉽게 해결되지 않는 이유 중 하나는 연습생 스스로 문제의 심각성을 알고 있다고 해도 여전히 마음 한편에 열심히 노력하면 성공할 수 있다는 '성공신화'가 크게 작용하고 있기 때문이다.

아이돌 가수 데뷔를 원하는 10대들은 해마다 늘지만, 그중 소수만 데뷔를 하는 구조다. 미국, 프랑스, 독일 등 주요 국가에서는 연예 매니지먼트 사업자가 직업 알선과 같은 에이전트 업무를 주로 수행한다(한국경쟁법학회, 2011). 아이돌 가수 데뷔 과정에 기획사가 깊이 관여하는 방식은 우리나라 연예 매니지먼트 산업의 독특한 구조라고 할 수 있다. 다만 일본은 우리나라와 유사하게 연예 매니지먼트 사업자가 매니지먼트 업무와 에

이전트 업무를 병행하여 실시하고 있다(백승혁, 2012).

국내에서는 몇 년 전부터 연예 매니지먼트 관련 문제가 불거지면서 표준계약서를 마련하고 기획사 등록제 등을 실시하는 등 그간의 문제를 해결하기 위한 움직임이 다방면에서 진행되고 있다. 하지만 수요와 공급의 불균형, 아이돌 가수로 성공한 뒤 따라오는 높은 부의 축적, 팬덤의 적극적이고 다양한 활동 등으로 인해 10대들은 자신이 겪는 어려움과 문제를 스스로 덮고 해결하는 방식을 선택한다. 문제가 발생해도 이를 해결하기 위해 부모나 외부에 도움을 요청하기가 쉽지 않다는 점도 문제다. 이러한 기획사의 아이돌 연습생 훈련 과정은 우리 사회의 모순을 압축적으로 보여 준다. 무한 경쟁 사회에서 실패의 원인을 개인의 능력과 역량 미비로 규정하는 결론 도출 방식이 크게 다르지 않은 것이다.

아이돌 가수들이 무대 위 짧은 시간 동안 대중의 관심을 끄는 방법으로 선택하는 것은 바로 '이미지'다. 아이돌 가수 시장의 경쟁이 심화되면서 보다 많은 대중의 관심을 얻기 위해서는 여러 명이 합을 맞춰 춤을 추는 군무, 날씬한 몸이나 사회에서 아름답다는 기준에 부합하는 얼굴 등의 이미지가 준비되어야 한다. 아이돌 가수들은 이제 팀과 팀 간의 경쟁이 아닌 기획사가 요구하는 대중매체의 기준과 대중의 기준에 부합하기 위해 스스로 관리하고 스스로와 경쟁하는 상황에 놓여 있다. 이러한 상황이 보편화되면서 아이돌 가수로 데뷔하기 위해서는 대중이 요구하는 미적 기준에 딱 맞는 외모를 갖춰야 유리하다. 기획사에서는 연습생들에게 이러한 미적 기준을 요구하고, 선택지가 없는 10대들은 이에 부합하기 위해 혹독한 다이어트를 한다.

기획사가 요구하는 연습 시간이 몸무게 관리, 춤 연습 등의 시간과 맞물리면서 10대 연습생들은 학교생활을 전혀 누리지 못한다. 고등학교 졸업장을 얻기 위해 학교에 등교하지만 대부분 학교에서 잠을 자거나 일찍 조퇴하는 방식으로 학교를 다니기 때문에 학습권을 보장받지 못하고 있다. 이와 함께 CCTV를 연습실에 설치하는 것, 아이돌 연습생들의 휴대전화를 빼앗고 메시지나 통화 목록을 검사하는 것 등은 심각한 인권 침해 사례로 볼 수 있다. 이러한 문제들을 부모에게 얘기해야 하지만, 연습생 신분 자체가 첫 번째 경쟁 관문을 통과해서 얻은 기회이므로 10대들은 부모에게 자신의 상황을 자세하게 설명하지 못하고, 부모 역시 자녀의 꿈을 위해 기획사의 지도 방식을 그대로 받아들이는 것으로 나타났다.

결국 혹독한 경쟁 사회에 던져진 10대들은 불공정 거래나 인권 침해 문제를 제기하지 못할뿐더러 데뷔 결과를 개인의 능력이나 노력 문제와 결부 짓는 상황을 거부하지 못하고 있다. 소수의 지원자만이 데뷔할 수 있는 구조 속에서 기획사 계약 과정이나 연습 과정에서 나타나는 문제는 사회의 인식이 바뀌지 않으면 쉽게 변하기 어렵다. 그리고 이러한 문제적 상황이 아이돌 연습생들을 마이너리티 그룹으로 규정할 수 있는 중요한 근거가 되기도 한다.

아이돌 가수들의 활동을 노동 과정으로 보고 그 과정에서 나타나는 문제에 대한 논의도 확장시켜 분석해야 한다. 이미 문강형준은 10대들이 학교 제도와 입시 시스템에 의해 상품화되는 방식을 비판했다(문강형준, 2010). 그는 아이돌이 대중문화로 소비되는 방식에서 10대의 현실이 사라지고 신화적 이미지만 소비되고 있는 상황을 포착한다. 아이돌은 청소년들의 유토피아를 표상하면서, 동시에 진리를 드러내는 진지한 예술의 디스토피아를 상징한다는 것이다. 아이돌 가수들이 문화 산업에서 생산되는 하나의 상품인 것처럼, 10대들이 학교에서 착실히 공부하는 시간 역시 대학 진학을 통해 자본이 원하는 착한 노동자가 되어 취업 시장에 팔리기 위한 험난한 과정이라고 봤다. 박성모는 아이돌 그룹의 사회적 인기 때문에 은폐된 문제 중 하나로 임금 노동자로서의 아이돌 그룹을 상정한다. 아이돌 가수들이 다른 산업 부문에 속한 임금 노동자의 열악한 조건보다 조금도 덜하지 않다고 말한다. 즉 아이돌 그룹은 인기 있는 연예인의 외양을 가진 소외된 문화 노동자라는 것이다(박성모, 2015; 이종임, 2016).

이미 몇 년 전부터 한류 열풍과 아이돌 가수들의 인기가 높아지면서 연예인 지망생*이 급증했지만 이들을 보호하고 육성하는 데 필요한 법과 제도는 아직 미비하다. 그로 인해 연예인 지망생들의 인권 침해 문제가 사회적 이슈로 언급되기도 한다. 하지만 문제가 생겨도 연예인 지망생들은 자신의 문제를 드러내는 데 소극적일 수밖에 없기 때문에 여전히 이들에 대한 인권 침해 문제는 법의 영역에서 보호하기 어려운 사각지대에 놓여 있다.**

2013년 발표된 연예인 지망생 인권 침해 유형과 그 사례를 살펴보면, 성적 자기결정권 침해, 신체 자기결정권 침해, 노동권 침해, 재산권 침해, 사생활 침해 등으로 정리될 수 있다. 성적 자기결정권 침해 범주에는 성적 착취, 성희롱, 스폰서 제안 등이 있고 신체 자기결정권 침해 범주에는 성형수술이나 다이어트 권유·강요, 신체 조건에 대한 비판 등이 있다. 또한 노동권 침해 범주에는 과도한 기회 비용 지불, 불공정 계약, 캐스팅 관련 사기 등이 있고, 재산권 침해 범주에는 보증금 사기, 고이자 대출 상품 소개 등이 있다. 사생활 침해 범주에는 사생활 구속이나 간섭, 사생활 폭로, 개인적 유포 등이 있다(이덕민, 2013). 이후 연예인 지망생에 대한 인권 침해 문제의 심각성이 전해지면서 연예 기획사 주도의 불공정 계약과 인권 침해 문제를 해결하기위해 표준계약서 마련, 대중문화예술 기획업의 등록제,

---

* 사회에서는 연예인 지망생이라는 표현을 쓰지만 그들 대부분이 아이돌 가수 연습생에 해당된다. 이는 가수 분야에서 기획사 중심으로 연습생을 육성하는 특징을 보이기 때문이다.

** 2009년 국가인권위원회가 '여성 연예인 인권 침해 실태 조사'를 실시했지만 민감한 조사 내용과 관련 실태를 충분히 조사하지 못해 아쉬움이 컸다. 연예인 지망생에 대한 심층 면접 조사에서는 표본 집단이 4명에 불과했다.

대중문화예술 종합정보 시스템 구축 등 다양한 노력이 이루어졌다. 하지만 인터뷰를 위해 만난 아이돌 연습생들의 삶에서 이러한 제도적 혜택의 흔적을 찾아보기는 어려웠다.

10대들이 원하는 것을 이루어 나가도록 기회를 제공한다는 이유만으로 기획사가 주도하는 아이돌 연습생 육성 시스템이 가진 문제를 간과할 수는 없다. 학교생활과 친구 관계, 부모와의 관계 등 10대 아이돌 연습생들이 온전한 인간관계를 누릴 수 있도록 도와야 한다. 또한 자신의 모든 것을 투자한 결과가 실패로 돌아갔을 때, 스스로 다른 목표를 정하고 준비할 수 있는 역량을 키울 수 있는 시스템이 마련되어야 한다.

주먹구구식 기획사 운영 방식이나 아이돌 연습생들을 통제함으로써 문제를 예방하고 데뷔를 준비하는 방식은 이제 바뀌어야 한다. 케이팝을 통해 형성되는 한류문화가 음악 장르의 하나로, 또한 산업으로서 오랫동안 대중에게 향유되기 위해서는 음악 산업에서 가장 중요한 역할을 하는 아이돌 연습생들의 현실을 돌아보아야 한다. 그들이 무조건 고통을 참고 이겨 내는 방식이 아니라 공정한 경쟁 관계를 통해 삶을 살아가는 방식을 배울 수 있도록 문화 산업 생태계가 구축되어야 한다. 이를 하루 빨리 정착시킬 수 있는 제도적 장치도 함께 마련되어야 할 것이다.

부록 • 해외 연예 매니지먼트 회사의 고용 관련 법적 규정 사례*

1. 미국

미국에서 미성년자 고용은 '공정노동기준법(Fair Labor Standards Act)'에서 규율하지만, 연예 산업에 종사하는 미성년자는 적용 범위에서 제외하기 때문에 각 주의 주법을 통해서 미성년 연예인을 보호하고 있다. 캘리포니아에서 연예인 인권에 대한 규율은 '캘리포니아 노동법(California Labor Code)' 제2편 제6장 제4절(Talent Agencies) 제1700, 32조에서 35조까지 해당된다. 이 조항에서 연예인 고용과 관련하여 허위 정보를 제시할 수 없고, 연예인의 건강·안전·복지에 나쁜 영향을 끼칠 수 있는 장소에 연예인을 파견할 수 없으며, 미성년자를 주점이나 살롱에 파견하지 못하도록 규정하고 있다. 또한 동법 동편 동장 제4.5절(Free Related Talent Services)은 연예인이 되고자 하는 청소년과 신인 연예인들을 보호하고 이들의 매니지먼트를 담당하는 매니저나 에이전트를 직접적으로 규제하고 있다.

2. 영국

영국은 기업혁신기술부(Department for Business Innovation and Skills)의 지침에 따라 '에이전시 피고용인에 관한 규정(Agency Worker Regulations)'을 두고 있다. 이 규정은 모델이나 연예인이 관련 계약을 체결하기 전에 에이전트가 어떤 금

* 조규범, 2013, 연예인 지망생의 인권 실태와 보호 방안, 이슈와 논점, 제735호, 국회입법조사처.

전적 요구를 할 수 없도록 정하고 있으며, 연예인 노동조합을 통해 불합리한 처우 개선을 위한 의사를 표현할 수 있도록 정하고 있다.

북아일랜드는 고용교육부(Department for Employment and Learning)가 에이전시에 대한 규제를 책임지고 있다. 고용교육부는 주기적으로 에이전시를 감시하고, 이들에 대한 고발 사건을 수사할 수 있으며, 규제를 따르지 않는 에이전시의 활동을 금지시킬 수 있다. 영국은 연예 산업에서 모델, 탤런트, 영화배우 등 직군에 따라 홍보비 및 선불 수수료 청구, 계약 취소 기간 등에 대한 규정을 달리하여 각 직군의 특성을 반영하고 있다.

3. 독일

독일에서 연예인 중개 업무는 예술 분야 직업에 대한 중개를 실시하는 독일연방노동청의 특별 서비스 업무에 해당된다. 그들의 중개 업무는 직업진흥법인 '사회법전(Dritte Buch Sozzialegesetzbuch)' 제3편(SGBⅢ) 제1조와 제36조에 근거하고 있다. 이 법은 직업 진흥을 위한 모든 조치를 포함하고 있어서 연방노동청에서 직업 중개를 행하는 근거가 되고 있다.

'중앙해외전문중개청(ZAV, Zentrale Auslands und Fachvermittlung)'은 예술가, 연예인, 예술 분야의 기술자들이 가입된 최대 중개 기획사다. 이곳에서는 연예인 중개 업무뿐 아니라 예술적 기술 업무를 중개하고 연기 지망생들을 위해 정보를 제공하고 지원하는 임무를 담당한다. 2006년 4월 설립된 '독일연방 영화와 텔레비전 연기자 협회(BFFS, Bundesverband der Film und Fernschauspieler)'는 짧은 고용 기간, 간헐적 실업 문제, 성 접대 문제 등을 개선하기 위해 만들어졌다. 독일의 영화와 텔레비전에서 활동하는 배우들에게 경제적, 사회적, 직업적 그리고 문화적 이익을 제공하는 것이 이 협회의 역할이다.

4. 일본

일본은 우리나라와 달리 연예 기획사와 연예인 간의 수익 분배 구조가 아니라 월급제 구조가 확립되어 분쟁 발생의 위험이 적다. 또한 전속계약 시 체결되는 전속계약서 형태도 표준계약서 양식에 따른다. 일본에서 연예인 지망생을 직접 보호하기 위한 입법은 없지만 연예 매니지먼트사는 '직업안정법(職業安定法)'에 의해 '유료직업소개사업'으로 분류되어 후생노동성(厚生勞動性)의 허가를 받도록 규제하고 있다. 직업안정법 제31조에 따라 자본금을 마련하고 개인 정보 관리에 적정한 시스템 구축하는 등 사업을 영위하기 위한 요건을 갖춘 뒤 신청서와 관련 서류를 후생노동성 장관에게 제출해야 한다. 후생노동성 장관이 유료직업소개사업을 허가하기 위해서는 직업안정법 제30조 제5항에 따라 노동정책심의회 의견을 청취해야 한다.

참고문헌

- 권경우, 2011, 환상 속에 아이돌이 있다-신자유주의와 아이돌의 성공 이데올로기, 이동연 외, 『아이돌: H.O.T에서 소녀시대까지 아이돌 문화 보고서』, 이매진.
- 국가인권위원회, 2009, 여성연예인 인권 침해 실태 조사: 연기자를 중심으로.
- 김수정·김수아, 2013, 아이돌 리얼리티 쇼를 통한 아이돌 그룹의 정체성 표상 방식, 한국방송학보, 제27-2호, 76-114쪽.
- 김호영·윤태진, 2012, 한국 대중문화의 아이돌(idol) 시스템 작동방식, 방송과 커뮤니케이션, 13(4), 45-82쪽.
- 마티유, 베르비기에·조영한, 2017, 케이팝(K-Pop)의 한국 팬덤에 대한 연구: 해외 팬들에 대한 인식을 중심으로, 한국언론정보학보, 81호, 272-298쪽.
- 문강형준, 2010, 우상의 황혼: 한국사회에서 아이돌은 어떻게 소비되는가, 시민과 세계, 17, 281-296쪽.
- 박성모, 2015, 자본주의 사회에서 나타나는 아이돌 그룹의 소외, 사회과학연구, 31(1), 275-301쪽.
- 백승혁, 2012, 연예 기획사 등록제 도입과 연예 매니지먼트 산업 활성화 방안: 한국와 일본 사례비교분석, 코카포커스, 2012-07호, 22-35쪽.
- 부르디외, 피에르, 2005, 『구별짓기 상·하』, 최종철 옮김, 새물결.
- 엄기호, 2016, 『나는 세상을 리셋하고 싶습니다』, 창비.
- 우석훈·박권일, 2007, 『88만원 세대』, 레디앙.
- 원용진·김지만, 2012, 사회적 장치로서의 아이돌 현상, 대중서사연구, 18(2), 319-361쪽.
- 이덕민, 2013, 연예인 지망생 인권 실태 및 보호 방안 학술 세미나 결과 보고서, 국회인권포럼·국회의원 황우여·국회입법조사처.

- 이동연, 2001, 팬덤의 기호와 문화정치, 진보평론, 제8호, 437-449쪽.
- 이동연, 2010,『문화자본의 시대』, 문화과학사.
- 이동연 외, 2011,『아이돌: H.O.T에서 소녀시대까지 아이돌 문화 보고서』, 이매진.
- 이종임, 2013,『신한류와 문화이동의 지형학』, 논형.
- 이종임, 2015,『디지털 세대·문화·정체성』, 커뮤니케이션북스.
- 이종임, 2016, 한류문화에서 재현되는 여성담론-케이팝 아이돌 걸그룹의 뮤직비디오 속 이미지를 중심으로, 인문사회21, 7(6), 413-430쪽.
- 조한혜정, 2003,『한류와 아시아의 대중문화』, 연세대학교 출판부.
- 조한혜정 외, 2016,『노오력의 배신』, 창비.
- 최지선, 2009, 프랑스 연예 매니지먼트 산업, 글로벌 콘텐츠 동향과 분석, 제301호, 1-9쪽.
- 피스크, 존, 2001,『커뮤니케이션학이란 무엇인가』, 강태완·김선남 옮김, 커뮤니케이션북스.
- 한국경쟁법학회, 2011, 연예 매니지먼트 산업 실태와 경쟁정책적 평가, 공정거래위원회.
- 한윤형·최태섭·김정근, 2011.『열정은 어떻게 노동이 되는가』, 웅진지식하우스.
- Fiske, John, 1992, The Cultural Economy of Fandom, in Lisa, A. Lewis(ed), The adoring audience: Fan Culture and Popular Media, NY: Routledge.
- Jenkins, H., 1992, Textual Poachers: Television Fans & Participatory Culture, NY: Routledge.
- "아이돌의 활동과 공부 사이, 어른들 몫은 무엇일까?", 일간스포츠, 2016.05.13.
- "'패션만 봐도 알 수 있어' 신인과 노장의 차이는 출근길에서부터!", 티브이데일리, 2016.07.03.

마이너리티 리포트 ★ 03

아이돌 연습생의 땀과 눈물

– 아이돌 성공신화와 연습생의 딜레마

지은이 이종임

초판 1쇄 발행 2018년 7월 16일
초판 3쇄 발행 2023년 1월 10일

펴낸이 박형수
펴낸곳 서울연구원
편집 전말숙, 송도숙
디자인 박진범
일러스트 백두리

주소 서울시 서초구 남부순환로 340길 57
전화 02-2149-1234
팩스 02-2149-1019
홈페이지 www.si.re.kr

ISBN 979-11-5700-293-1 04300 (세트) 979-11-5700-211-5